KEEP CALM & SEW STUFF

W0063061

Inhalt

Hallo

... und herzlich Willkommen in meiner fröhlich-bunten Jolijou-Welt.

Mein Name ist Andrea, ich bin leidenschaftliche Designerin & Bloggerin. Als Kind bin ich in Australien aufgewachsen und wohne nun mit meiner Familie in meiner Lieblingsstadt München. Ich liebe es, in meinem kleinen Atelier farbenfrohe Stoffe und raffinierte Schnittmuster und DIY-Ideen zu entwickeln. In diesem Buch teile ich einige meiner Lieblings-projekte zum Nachnähen mit euch und hoffe, sie bereiten euch genauso viel Freude wie mir.

Nähen ist für mich nämlich immer noch eine der schönsten Nebensachen der Welt. Ein dreidimensionales Teil mit den eigenen Händen aus einem Stück Stoff zu gestalten, ist jedes Mal ein magischer Moment, der mich mit Stolz und Glück erfüllt, insbesondere wenn ich mit dem selbst genähten Teil einem geliebten Menschen eine Freude machen kann.

Dinge selber zu gestalten bedeutet außerdem auch, sich von der Masse abzuheben, seine Individualität zu unterstreichen und etwas für die Ewigkeit zu erschaffen; bunte Taschen, Kissen oder Decken, die über Generationen weitervererbt werden können.

Die Projekte in diesem Buch sind ebenfalls Dinge, die Freude bringen sollen - beim Verschenken oder beim Selberbehalten.

Sew the Love!

Grundausstattung

- Nähmaschine
- Garn
- Unterfadenspule
- Stoffschere & Papierschere
- Zackenschere
- Nähnadeln
- Stecknadeln
- Wonder Clips
- Maßband
- Patchworklineal, Schneidematte & Rollschneider
- Stoffmarkierstift
- Nahttrenner
- Stylefix
- Schutzbrille
- Bügeleisen & Bügelbrett
- Textilsprühkleber oder Vliesofix
- Reißverschlussfuß
- ggf. Teflonfuß für Wachstuch

Kleine Stoffkunde

Webware Für die Projekte in diesem Buch werden hauptsächlich Webstoffe aus Baumwolle oder Baumwolle und Leinen verwendet. Diese gewebten Stoffe sind sehr robust und widerstandsfähig und daher die perfekten Partner für Heimtextilien und Taschen. Inzwischen sind viele tolle Designs unterschiedlicher Hersteller erhältlich.

Filz Filz ist eine dicht verfilzte Faserdecke, die nicht ausfransen kann und daher nicht gesäumt werden muss. Wollfilz ist aus reiner Wolle gefilzt. Das ist die hochwertigste Variante. Eine Alternative dazu ist Bastelfilz aus Synthetikfasern.

Wachstuch Wachstuch ist ein Web- oder Vliesstoff, der mit einer zusätzlichen Kunststoffschicht veredelt wurde. Dadurch wird die Oberfläche standfest, wasserabweisend und abwaschbar. Perfekt also für Outdoor-Nähprojekte.

Webbänder Nicht nur Stoffe gibt es mittlerweile in vielen wunderschönen Mustern, inzwischen sind aufwändig gewebte Bänder ebenfalls nicht mehr aus der Nähwelt wegzudenken. Sie sind in unterschiedlichen Breiten erhältlich, lassen sich ganz einfach mit einem Zickzackstich aufnähen und zaubern das gewisse Etwas auf ein Nähwerk.

Garn Garn gibt es in vielen verschiedenen Farben und Qualitäten und aus unterschiedlichen Materialien. Strickgarn oder Wolle wird zum Stricken, Häkeln oder, wie in diesem Buch, zum Weben verwendet. Stickgarn ist etwas dünner als Strickgarn, sodass es durch ein Nadelöhr passt und es zum Handsticken benutzt werden kann. Nähgarn ist das dünnste der Garne und ebenfalls in verschiedenen Qualitäten erhältlich. Es wird zum Nähen mit der Nähmaschine wie auch zum Handnähen verwendet.

Vlies Vlies wird zum Verstärken von Stoffen verwendet und hat zahlreiche Funktionen. Aufbügelbare Vliesstoffe gibt es beispielsweise in unterschiedlichen Stärken. Sie verleihen dem Nähwerk Standfestigkeit oder Volumen (Volumenvlies). Thermolam ist ein hitzebeständiges Vlies.

SnapPap SnapPap ist ein waschbares Papier in Lederoptik. Es lässt sich vernähen, bekleben, bedrucken, bemalen, bestempeln, prägen und sogar waschen und bügeln! Mit diesem neuartigen Material sind der Fantasie keine Grenzen gesetzt.

5 Regeln zum Nähglück

① Es muss nicht immer alles perfekt sein.

② Schiefe Nähte sieht man meistens nur selber

③ Denke nicht zu viel nach – einfach machen!

④ Nicht verzagen, das Internet fragen

⑤ Keep calm & sew stuff

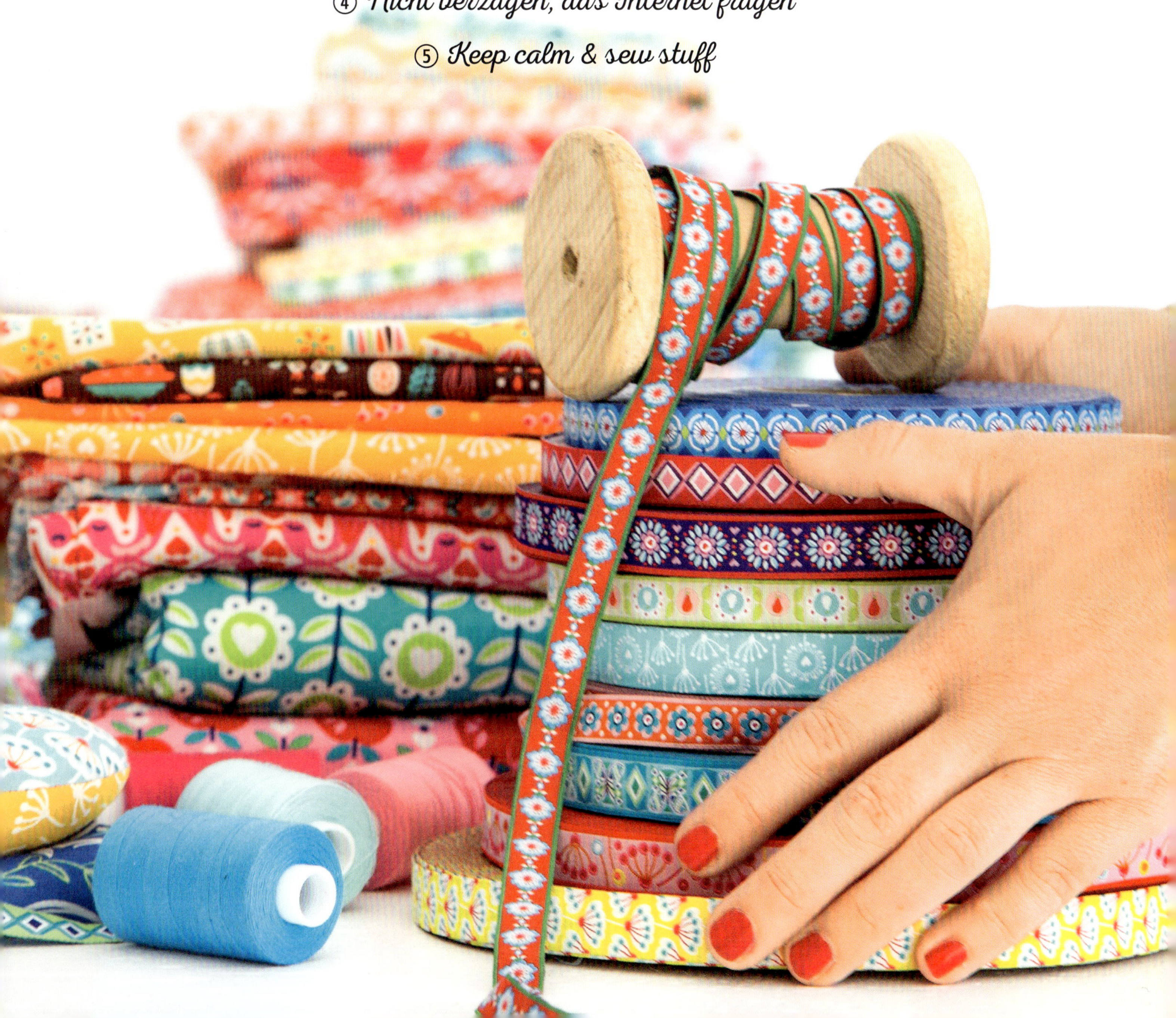

Bevor es losgeht, hier noch ein paar wichtige Basistechniken, die man beim Nähen immer wieder benötigt.

Vlies aufbügeln

Vlieseline oder andere aufbügelbare Einlagen werden nach dem Zuschneiden mit der glänzenden Seite nach oben auf die linke Stoffseite gebügelt, bis sich die Materialien miteinander verbunden haben. Dabei darauf achten, dass das Vlies nicht an dem Bügeleisen haften bleibt. Anschließend wird das Vlies an das Schnittmusterteil angepasst.

Um die Ecke nähen

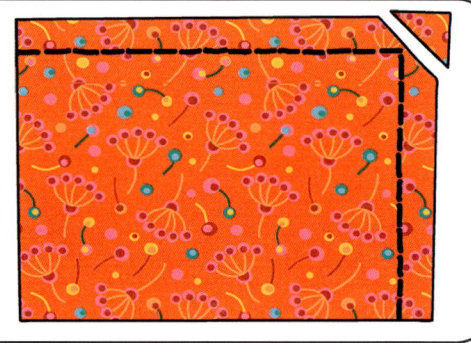

Möchte man zwei Stoffstücke in einem rechten Winkel zusammennähen, näht man zuerst bis zur Ecke. Dann wird die Nadel im Stoff versenkt, der Nähfuß angehoben und der Stoff um 90°C gedreht. Den Nähfuß wieder senken und weiternähen. Am Ende die Nahtzugaben an der Ecke vorsichtig abschneiden, um nach dem Wenden spitz zulaufende Ecken zu erhalten.

Knappkantig steppen

Als Verzierung, um eine Naht nach dem Zusammennähen zusätzlich zu stabilisieren und die Nahtzugabe festzunähen, wird auf der rechten Stoffseite mit ein paar Millimetern Abstand zur 1. Naht eine zusätzliche Geradstichnaht gesetzt. An Wendeöffnungen kann man die Nahtzugaben nach innen einschlagen und die Kanten mit der Nähmaschine knapp aufeinandernähen.

Rundungen nähen

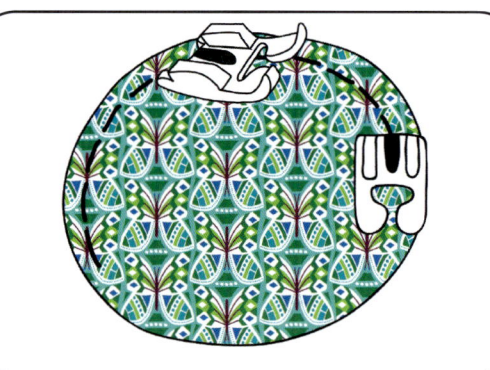

Um eine saubere runde Naht zu nähen, wird die Stoffkante als Führungshilfe benutzt. Der rechte Rand des Nähfußes liegt dabei bündig an der Stoffkante. Durch Anheben des Nähfußes, während die Nadel im Stoff bleibt, kann man den Stoff etwas drehen und kommt so einfach um die Rundungen.

Säumen

Ein Saum ist eine offene Stoffkante, die umgeschlagen wird, damit der Stoff an dieser Stelle nicht ausfranst. Zuerst wird die Hälfte der Saumzugabe eingeschlagen und gebügelt, dann wird der Stoff erneut in gleicher Breite eingeschlagen und erneut gebügelt. Am Ende wird die innere Saumkante mit einem Geradstich knappkantig fixiert.

Knopf annähen

Einen Knopf mit der Nähmaschine anzunähen ist kinderleicht! Dazu einfach den Transporteur versenken (Näheres dazu steht in der Bedienungsanleitung der Nähmaschine) und den Knopf unter dem Nähfuß fixieren. Nun wird ein Zickzackstich eingestellt, der so breit ist, wie die Knopflöcher auseinanderstehen, und vorsichtig genäht. Schutzbrille nicht vergessen!

Schrägband annähen

Offene Stoffkanten können zum Versäubern mit Schrägband eingefasst werden. Schrägband ist mittig gefalzt und die Nahtzugaben sind eingeklappt. Das Band wird um die Stoffkante gelegt und mit einem Geradstich angenäht, sodass beide Seiten des Bandes erfasst werden.

Druckknopf anbringen

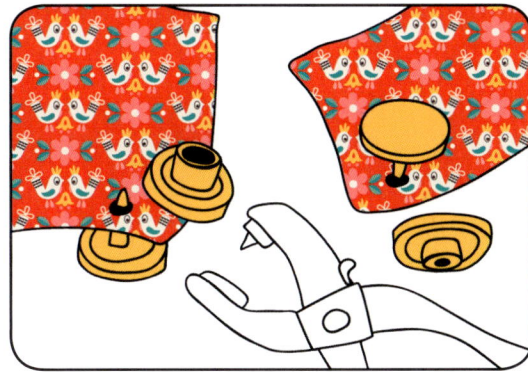

Man benötigt zum Anbringen zwei Kappen, Druckknopfunter- und -oberteil sowie die passenden Werkzeuge. Mit einer Nadel an der gewünschten Stelle ein Loch bohren, eine Kappe einführen und das entsprechende Knopfteil darauflegen. Mit der Zange oder dem Hammer die Teile zusammendrücken. Ebenso mit der zweiten Seite verfahren.

Wendeöffnung

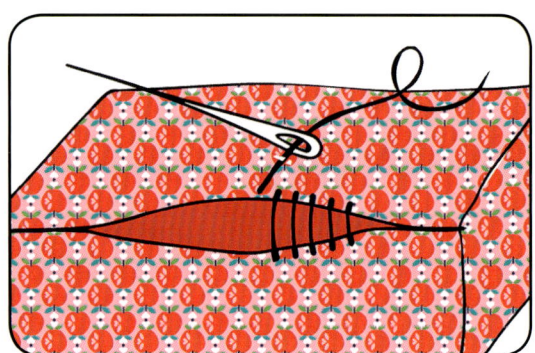

Der Leiterstich wird verwendet, um Wendeöffnungen, an denen die Nahtzugaben nach links eingeschlagen sind, unsichtbar zu verschließen. Den Fadenanfang sichern und aus einer Stoffkante ausstechen, genau gegenüber in die andere Stoffkante einstechen, die Nadel durch den Stoff weiterführen und wieder an der Kante austechen usw. Den Faden so fest anziehen, dass die Stoffkanten aneinanderstoßen. Zum Schluss den Faden vernähen..

Raffen

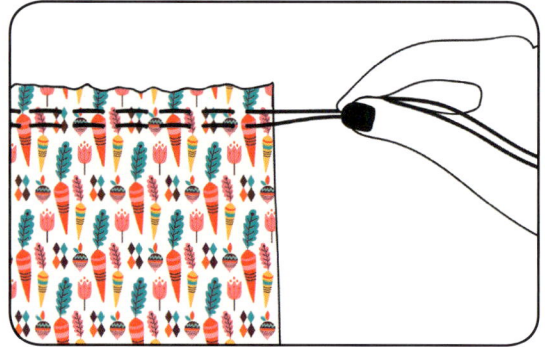

Um eine Raffung zu erzeugen, werden mit einem langen Geradstich (Stichlänge 4 bis 5) parallel zur Stoffkante zwei Nähte gesetzt, dabei die Nahtanfänge und -enden nicht vernähen und die Fäden lang genug hängen lassen. Dann zieht man entweder an den Unter- oder den Oberfäden und kräuselt so den Stoff. Die Raffung wird mit einer Naht, die genau zwischen den beiden Kräuselnähten verläuft, an ein anderes Teil angenäht.

Steppstich

Der Steppstich ist ideal, um Linien zu sticken. Den Fadenanfang sichern und von unten nach oben aus dem Stoff ausstechen. Eine Stichlänge nach rechts versetzt wieder einstechen und eine Stichlänge nach links versetzt neben dem ersten Ausstich erneut ausstechen. Dann wieder eine Stichlänge nach rechts versetzt, also am ersten Austich, einstechen usw.

Applizieren

Die ausgeschnittene Applikation entweder mit Textilsprühkleber oder Vliesofix an der gewünschten Position fixieren, Stickvlies auf der linken Seite des Untergrunds feststecken und die Applikation mit einem Zickzackstich annähen. Wichtig ist, dass der Stich breit genug ist, um sowohl Applikation als auch Untergrund zu fassen. Die Mittelmarkierung auf dem Nähfuß dient als Orientierung.

Applikation

Eine Applikation ist eine Form, die aus Stoff ausgeschnitten und auf einen Stoffuntergrund aufgenäht wird.

Fadenlauf

Gewebte Stoffe bestehen aus Kett- und Schussfäden, die im 90°C Winkel miteinander verwoben sind. Die Kettfäden laufen parallel zur Webkante und werden als Fadenlauf bezeichnet. Beim Zuschneiden ist es meistens wichtig, dass die Schnittteile im geraden Fadenlauf zugeschnitten werden. Dies wird durch einen langen Pfeil auf dem Schnittmuster gekennzeichnet.

Nähte sichern bzw. Verriegeln

Damit sich die Nähte nach dem Nähen nicht auflösen, müssen sie verriegelt werden. Dazu nach dem Nähen der ersten paar Stiche die Rückwärtstaste betätigen und rückwärts über das bereits bestehende Stück Naht steppen. Dann die Naht nach vorne fortsetzen.

Nahtzeichen

Nahtzeichen markieren die Stellen, an denen die Teile passgenau aneinandergesteckt und -genäht werden. Sie werden durch kleine Einschnitte in die Nahtzugaben auf den Stoff übertragen.

Nahtzugabe

Die Nahtzugabe ist der Bereich, der zwischen Stoffkante und Naht stehen bleibt. Meistens beträgt die Nahtzugabe 0,7 - 1 cm, sodass die rechte Nähfußkante als Führungslinie beim Nähen verwendet werden kann. Bei den Projekten in diesem Buch sind die Nahtzugaben auf dem Schnittbogen und in den Zuschnittangaben bereits enthalten.

Oberfaden

Der Oberfaden wird an der Nähmaschine oben auf den Garnrollenhalter gesetzt.

Steppnaht

Die Steppnaht ist der Grundstich der Nähmaschine. Er heißt auch Geradstich. Falls nicht anders angegeben, beträgt die Stichlänge für die Projekte in diesem Buch 2,5.

Stichlänge/-breite

Die Stichlänge und -breite lassen sich an der Nähmaschine einstellen. Mit der Stichbreite wird aus einem Geradstich ein Zickzackstich. Je höher der Wert der Stichbreite, desto elastischer die Naht. Falls nicht anders angegeben, beträgt die Stichlänge für die Projekte in diesem Buch 2,5 und die Stichbreite 3.

Stoffbruch

Der Stoffbruch ist die Kante, die entsteht, wenn ein Stück Stoff gefaltet wird.

Stoffseiten (links/rechts)

In der Nähsprache bezeichnet man die Oberseite oder die bedruckte Seite eines Stoffs als rechte Seite oder rechts. Die Unterseite/unbedruckte Seite wird als linke Seite (links) bezeichnet.

Unterfaden

Der Unterfaden befindet sich unterhalb der Nadel auf der Unterfadenspule.

Versäubern

Damit die Stoffkanten an Webstoffen nicht ausfransen, werden die Kanten entweder mit einer Zickzacknaht oder mit der Overlock versäubert.

Webkante

Das ist die Stoffkante, die parallel zu den Kettfäden verläuft. Sie ist meistens unbedruckt und mit dem Namen des Stoffherstellers/-designers versehen.

Wendeöffnung

Werden zwei geschlossene Teile (z. B. Außentasche und Futter) rechts auf rechts zusammengenäht, wird im Futter eine Öffnung gelassen, durch die das fertige Teil gewendet werden kann.

Zickzacknaht

Eine Zickzacknaht entsteht, in dem man die Stichbreite erhöht. Je höher die Breiteneinstellung, desto breiter der Stich.

Schlüsselanhänger

DIESER SCHLÜSSELANHÄNGER ÜBERZEUGT MIT SEINEM MIX AUS
SCHLICHTEM FILZ UND BUNTEM WEBBAND.

Material & Vorbereitung

- Wollfilzrest, 30 x 2,5 cm (= fertiger Zuschnitt)
- 30 cm Webband, 1,5 cm breit
- 1 Karabiner mit 2,5 cm breitem D-Ring
- Stylefix
- 1 Knopf, Ø ca. 1,5 cm
- Feuerzeug

Die Webbandenden vorsichtig mit dem Feuerzeug veröden. In der Mitte des Filz-streifens Stylefix anbringen.

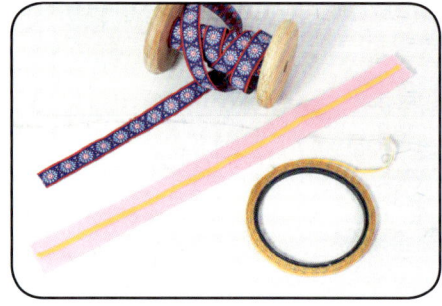

①

②

③

① Das Schutzpapier lösen, das Webband aufkleben, sodass es bündig mit dem Filz abschließt. Das Webband mit einem schmalen Zickzackstich (Stichlänge 2,5, Stichbreite 2) an beiden Längskanten aufnähen.

② Das Filzband mittig einklappen, den Karabinerhaken auffädeln und die offenen Bandenden mit einem Gerad-stich mit ca. 1,5 cm Abstand zur Kante aufeinandernähen.

③ Den Knopf über der Naht annähen (siehe Knopf annähen Seite 11).

Stoffbeutel 2 Go

IN SEINER PRAKTISCHEN EINSTECKTASCHE IST DIESER BEUTEL BEIM EINKAUFEN IMMER ZUR HAND.

Material & Vorbereitung

- 120 x 45 cm gemusterter Stoff in Blau
- 135 x 45 cm gemusterter Stoff in Grün
- 120 cm Baumwollgurtband in Lime, 30 mm breit
- Markierstift

Vorlage 1 auf Bogen A
Nahtzugaben von 0,7 cm sind in den Schnittteilen und den Zuschnittangaben bereits enthalten.

Zuschneiden
In **Blau**: 2x Taschenteil 1 im Stoffbruch
In **Grün**: 2x Taschenteil 1 im Stoffbruch
- einen Streifen à 40 x 15 cm

Für die Einstecktasche den Streifen rechts auf rechts zur Hälfte falten (= 15 x 20 cm), stecken und die beiden langen offenen Kanten zusammennähen, wenden und bügeln.

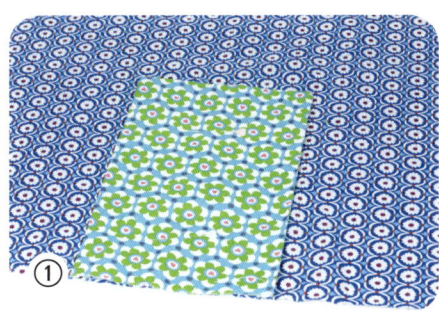

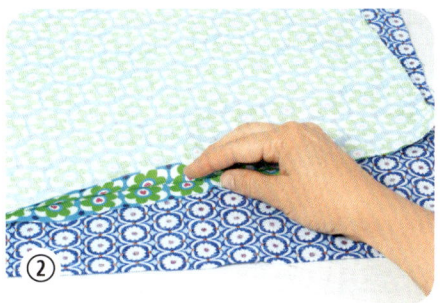

① Die Einstecktasche mit der offenen Seite nach unten mittig auf die rechte Seite eines Taschenteils stecken. Die offene Kante der Einstecktasche schließt dabei bündig mit der unteren Kante des Taschenteils ab. Dann das andere Taschenteil rechts auf rechts passend auf das erste Taschenteil stecken.

② Die beiden Futterteile ebenfalls rechts auf rechts zusammenstecken, dabei in der Mitte der unteren Kante eine Wendeöffnung von ca. 10 cm markieren. Nun jeweils die Boden- und Seitennähte von Futter und Oberstoff schließen, dabei die Wendeöffnung im Futterteil nicht nähen.

③ Die Stofflagen an den Ecken auseinanderziehen und so hinlegen, dass Seiten- und Bodennaht jeweils aufeinanderliegen und sich eine Spitze bildet. Mit Marker und Lineal jeweils 8 cm von der Spitze entfernt eine Linie im rechten Winkel zur Naht aufzeichnen. Die so angezeichneten Dreiecke abnähen.

④ Den überschüssigen Stoff mit einem Abstand von 1 cm zur Naht abschneiden.

⑤ Das Gurtband an der oberen Kante der Tasche mit je 1 cm Abstand zur linken bzw. rechten Ecke feststecken. Die Oberstoff-Tasche auf rechts wenden und in die auf links gedrehte Futter-Tasche stecken. Die obere Kante einmal ringsherum steppen.

⑥ Die Tasche durch die Wendeöffnung im Futter ziehen und auf rechts wenden.

⑦ Die obere Taschenkante bügeln und die Wendeöffnung knappkantig schließen.

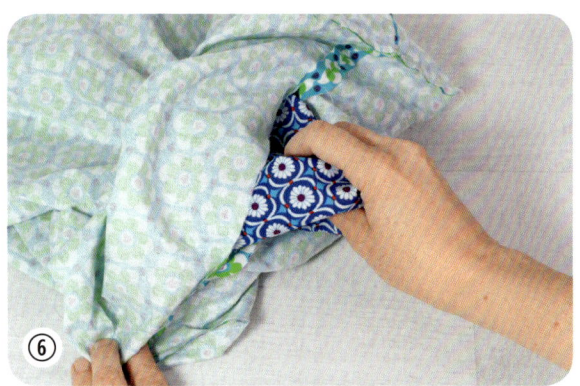

Zum Mitnehmen!

Den Beutel einfach in die Vordertasche stülpen.

Bare Necessities Täschchen

MANCHMAL MÖCHTE FRAU NUR DIE WICHTIGSTEN DINGE DABEI HABEN: HANDY, KLEINGELD, BANKKARTE. DAFÜR IST DIESES TÄSCHCHEN PERFEKT.

Material & Vorbereitung

- 50 x 20 cm gemusterter Stoff in Gelb
- 85 x 20 cm gemusterter Stoff in Türkis
- 65 x 20 cm Volumenvlies H640
- 1 Spitzen-Reißverschluss in Gelb, 20 cm
- Taschenbügel, gebogen, 16 cm breit von Clip & Clutch
- HT2 Textilkleber
- Buttermesser oder Schraubenzieher
- Markierstift, Lineal
- Stylefix

Vorlagen 2A bis 2C auf Bogen A
Nahtzugaben von 0,7 cm sind in den Schnittteilen und den Zuschnittangaben bereits enthalten.

Alle Markierungen übertragen. Die beiden Taschen-Vorderseitenteile in Gelb sowie zwei der großen Futterteile mit Volumen-vlies verstärken.

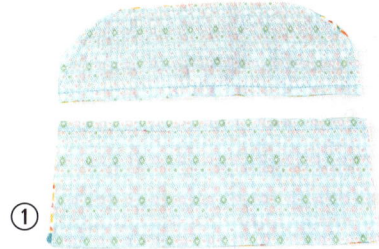

① Jeweils die beiden Vorderseitenteile A und die beiden Teile B aus Außen- und Futterstoff rechts auf rechts auf-einanderlegen und die langen geraden Kanten steppen.

② Die Teile wenden und die Kanten bügeln. An beiden soeben genähten Kanten am gelben Stoff Stylefix anbrin-gen.

③ Die Taschenteile passend aneinan-derlegen. Das Schutzpapier vom Stylefix abziehen und den geschlossenen Reiß-verschluss aufkleben. Die Zahnreihe sollte dabei genau über der Anstoß-kante der Stoffteile liegen, das obere Ende des Reißverschlusses 1 cm von der Stoffkante entfernt. Von hinten kontrollieren, ob alles gerade liegt.

23

④ Den Reißverschluss öffnen und von oben an beiden Seiten jeweils zwei Nähte im Abstand von 3 mm und 1 cm zur äußeren Bandkante setzen. Dazu den Reißverschlussfuß verwenden.

⑤ Anschließend den Reißverschluss schließen und an jeder Außenkante quer eine Naht setzen, um die Reißverschlussenden zu sichern. Den Reißverschluss an den Seiten kürzen, falls nötig.

⑥ Das Reißverschlussteil nun mit der Futterseite auf die rechte Seite der Futtervorderseite C in Türkis legen.

⑦ Dann die äußere Rückseite (C in Gelb) mit der rechten Seite auf die rechte (= gelbe) Seite des Reißverschlussteils legen und Seiten- und Unterkante zwischen den Markierungen steppen.

⑧ Die Nahtzugaben an den Ecken abschneiden und die Tasche wenden. Ebenfalls die beiden Futterteile C rechts auf rechts legen und von Markierung zu Markierung nähen. Das fertig genähte Futterteil links auf links in die äußere Tasche stecken und mit Stecknadeln fixieren.

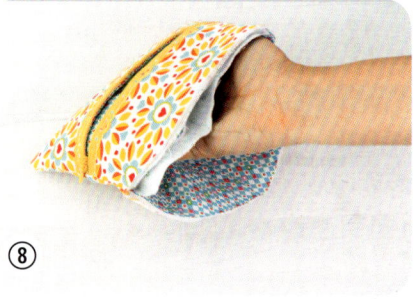

9 Die beiden oberen Kanten mit einem breiten Zickzackstich zusammennähen.

10 Den Bügel zur Hand nehmen und zunächst an einer der beiden Schienen vorsichtig etwas Kleber in die Ritze geben.

11 Die zusammengenähte Kante vorsichtig mit dem Buttermesser oder Schraubenzieher in die Ritze schieben. Den Kleber gut trocknen lassen, bevor die Klebenaht belastet wird.

12 Genauso mit der anderen Seite verfahren.

Alles dabei!

Picknick-Korb & Teller

DIESER STANDFESTE KORB AUS WACHSTUCH BRINGT ZUM PICKNICK SEINEN EIGENEN TELLER MIT.

Material & Vorbereitung

- 35 x 125 cm gemustertes Wachstuch in Pink (Futter)
- 65 x 125 cm gemustertes Wachstuch in Türkis (Obermaterial)
- 30 x 30 cm Wachstuch in Pink mit Punkten (Tellerunterseite)
- 30 cm Baumwollgurtband in Creme, 30 mm breit
- 1 Prym Kreativbogen oder feste Schabrackeneinlage (= verstärkende Einla-

ge für den Teller, 30 x 30 cm reichen aus)
- 20 cm Webband, 1-1,5 cm breit
- Kreppband oder Wonder Clips
- Stylefix
- Teflon-Nähfuß

Vorlage 3 auf Bogen A

Nahtzugaben von 0,7 cm sind in den Schnittteilen und den Zuschnittangaben bereits enthalten.

Zuschneiden

Für den Korb:

In **Türkis** und **Pink** jeweils:
- 1 Streifen à 91,5 x 11,5 cm
- 1 Streifen à 91,5 x 20 cm
- 1x den äußeren Kreis

Für den Teller:

In **Türkis** und **Pink** mit Punkten jeweils:
- 1x den mittleren Kreis

Aus dem Kreativbogen:
- 1x den inneren Kreis

① Die beiden schmaleren Streifen an einer Längskante rechts auf rechts zusammennähen, wenden und die Naht flach drücken oder vorsichtig bügeln, dann entlang der Naht zusammenklappen.
Vorsicht beim Bügeln: Zuerst eine Bügelprobe machen und Wachstuch nur von links oder abgedeckt mit einem Tuch bügeln!

② Den genähten schmalen Streifen auf dem breiten Streifen in Türkis fixieren (am besten geht das mit Kreppband). Die untere offene Kante des schmalen Streifens trifft dabei auf die untere Kante des breiten Streifens.

③ Nun mit dem Markierstift und dem Lineal Linien auf den schmalen Streifen zeichnen: die erste Linie mit 15,7 cm Abstand zur Kante, dann noch 4 weitere Linien mit jeweils 15 cm Abstand.

④ Mit einem Geradstich entlang dieser Markierungen nähen, sodass Unterteilungen entstehen.

⑤ Die Oberkante des breiten Streifens 1 cm breit nach links einschlagen, die Faltkante fest zusammendrücken, sodass ein Knick entsteht, und wieder aufklappen. Nun den Streifen rechts auf rechts zur Hälfte falten, sodass die beiden kurzen Kanten aufeinanderliegen und diese Kanten zusammensteppen, sodass ein Ring entsteht.

⑥ Den großen Kreis in Türkis rechts auf rechts in den soeben genähten Ring setzen (an die Unterkante), dabei treffen die Nähte jeweils auf die Markierungen am Kreis. Die Teile mit Wonder Clips befestigen und mit 0,7 cm Nahtbreite nähen. Dabei den Nähmaschinenfuß (mit der Nadel im Stoff) immer wieder anheben und das Nähgut drehen.

⑦ An der Unterkante des Futterstreifens durch kleine Einschnitte in die Nahtzugaben ebenfalls Markierungen im Abstand von 15,7 und 4x 15 cm zur Schmalseite anbringen. Die Oberkante 1 cm

Rundungen nähen
siehe Seite 11

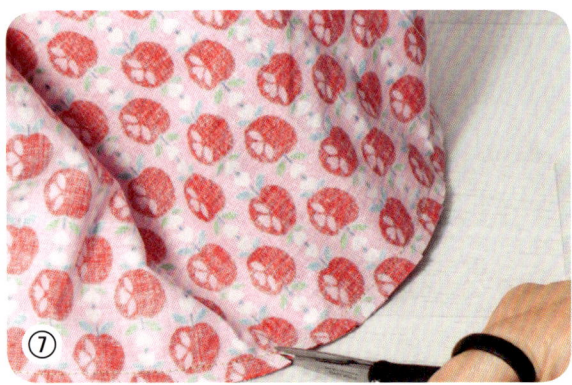

breit nach links einschlagen, Faltkante fest zusammendrücken und wieder aufklappen. Dann den Streifen an den kurzen Kanten rechts auf rechts zusammennähen, sodass ein Ring entsteht und den Futterkreis mithilfe der Markierungen rechts auf rechts einnähen. An beiden Teilen (Futter und Außenstoff) die Nahtzugaben an den Kreisen in 5 bis 10 mm großen Abständen bis dicht an die Naht einschneiden.

⑧ Den Außenstoff auf rechts drehen und den Futterkorb hineinstellen, die vorgefalteten Nahtzugaben an den Oberkanten nach unten klappen. Das Gurtband halbieren, jeweils zu einem Bogen legen und die Bandenden auf beiden Seiten des Korbs zwischen Futter und Außenstoff mit Wonder Clips fixieren, dabei die Bandenden ca. 1,5 cm weit zwischen die Stofflagen schieben.

⑨ Futter und Außenkorb ebenfalls rundum mit Wonder Clips oder Kreppband fixieren und mit 0,5 cm Abstand zur oberen Kante ringsherum steppen.

Teller anfertigen:

⑩ Den Kreis aus Einlage mit Stylefix mittig auf die linke Seite des Kreises in Türkis kleben. Das Webband halbieren, zu Tragegriffen formen und mit der Oberseite nach unten zeigend auf die Einlage kleben, ebenfalls mit Stylefix. Es sollten ca. 2-3 cm des Webbands in den Kreis hineinragen. Den Kreis in Pink mit Punkten ebenfalls mit Stylefix auf die Einlage kleben, sodass die rechte Seite des Wachstuchs nach außen zeigt.

⑪ Dicht neben der Einlage die beiden Stoffe rundherum aufeinandernähen, dabei die Webbänder mitfassen.

Feigen-Apfelrosen

Apfelrosen aus Blätterteig liegen zur Zeit voll im Trend. Hier kommt meine Variation mit einer feinen Feigennote. Sie sind super schnell gemacht und das perfekte Mitbringsel beim Picknicken oder Brunchen.

Zutaten

Zutaten für 12 Rosen
Zubereitungszeit: 20 Minuten
Backzeit: 30-40 Minuten

- 2 Packungen gerollter Blätterteig
- 3 Äpfel
- 500 ml Wasser
- 4 EL Zucker
- Feigenmarmelade
- Puderzucker
- Butter zum Einfetten der Form
- Muffinform

① Eine Muffinform mit Butter einfetten und den Ofen auf 180°C vorheizen.

② Die Äpfel ungeschält entkernen, halbieren und in feine Scheiben schneiden. In einem Topf mit dem Wasser und Zucker ca. 10 Minuten bissfest kochen. Vom Herd nehmen, das Wasser abgießen, die Äpfel in ein Sieb geben und mit kaltem Wasser abschrecken.

③ Den Blätterteig in ca. 5 cm breite Streifen schneiden, dabei parallel zur kurzen Teigkante schneiden.

④ Einen Streifen abtrennen, mit der Feigenmarmelade bestreichen und die Apfelschnitze der Länge nach darauf-legen. Dabei ragen die Hautseiten der Schnitze etwas über den Rand des Blätterteigs und liegen mit der anderen Seite etwa auf der Mitte des Streifens.

⑤ Die unbelegte Hälfte des Streifens der Länge nach über die Äpfel klappen, den Streifen vorsichtig einrollen und in die Muffinform geben. Auf diese Weise 12 Rollen anfertigen.

⑥ Bei 180°C ca. 30-40 Minuten backen. Abkühlen lassen und mit Puderzucker bestreuen.

Vegane Day Tote

DIESE TASCHE AUS SNAPPAP – EINER TIERFREIEN ALTERNATIVE ZU LEDER UND STOFF – TRÄGT ALLES, WAS FRAU TAGSÜBER BRAUCHT.

Material & Vorbereitung

- 35 x 95 cm Blumenstoff in Blau
- 50 x 115 cm gemusterter Stoff in Pink
- 1 Bogen SnapPap in Hellbraun, mind. 50 x 50 cm
- 40 cm Vlieseline H250, 90 cm breit
- Markierstift
- Wonder Clips
- eventuell Stylefix

Zuschneiden

Aus **Blumenstoff**:
- 2 Rechtecke à 33,5 (= Höhe) x 45 cm (= Breite)

In **Pink**:
- 2 Rechtecke à 46,5 x 45 cm
- 1 Streifen à 35 x 19 cm

Aus **SnapPap**:
- 1 Rechteck à 37 x 45 cm
- 2 Streifen à 5 x 50 cm

Nahtzugaben von 0,7 cm sind in den Angaben bereits enthalten.

Die Blumenstoffrechtecke mit Vlieseline verstärken, siehe Seite 10.

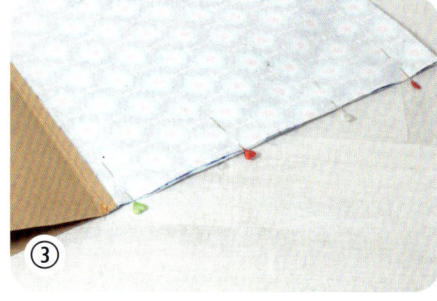

① An den langen Seiten des Snap-Pap-Rechtecks die beiden blauen Stoff-rechtecke rechts auf rechts mit Wonder Clips oder Stylefix befestigen und die Kanten steppen.

② Die Stoffstücke jeweils nach außen umklappen und die Nähte auf dem Stoff knappkantig absteppen.

③ Das genähte Teil zur Hälfte klap-pen, sodass die Quernähte aufeinander-treffen. Die Stoffteile mit Stecknadeln fixieren. Am SnapPap keine Steck-nadeln verwenden, da die Einstiche nicht wie beim Stoff verschwinden. Die beiden Seitennähte – auch am SnapPap – schließen.

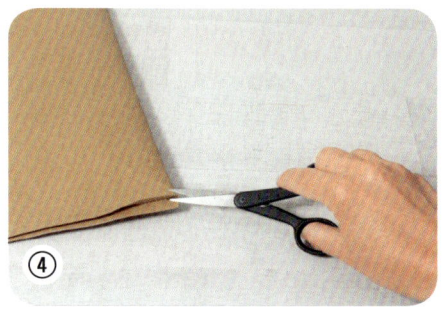

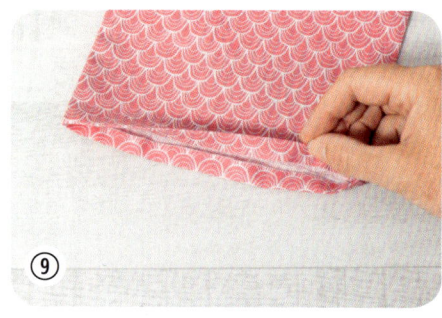

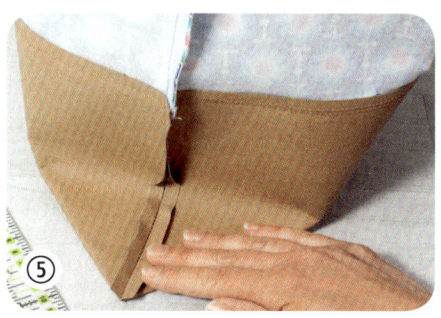

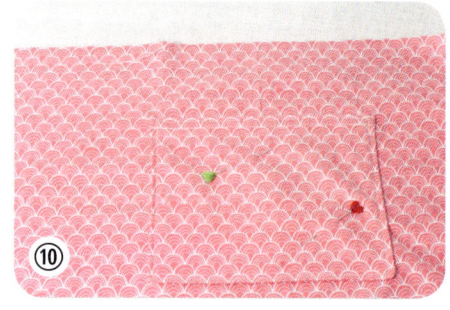

④ Mit einer Schere an der unteren Kante die Nahtzugaben einschneiden.

⑤ Das SnapPap an den unteren Ecken jeweils so falten, dass die Seitennaht auf der Mitte des SnapPap-Stücks liegt und eine Spitze entsteht.

⑥ Mit einem Lineal jeweils im Abstand von 5 cm zur Spitze eine Linie ziehen, die rechtwinklig zur Naht verläuft.

⑦ Auf den eingezeichneten Linien die Ecken abnähen und die überschüssigen Dreiecke im Abstand von 1 cm zur Naht abschneiden.

⑧ Die Innentasche nähen. Dazu den Streifen in Pink rechts auf rechts zur Hälfte falten (= 17,5 x 19 cm). Die Seitennähte schließen und die Nahtzugaben an den Ecken abschneiden.

⑨ Die offene Kante 1 cm einschlagen und bügeln, dann knapp und 0,5 cm breit absteppen.

⑩ Die Innentasche mit der abgesteppten Kante nach oben auf die Mitte eines Futter-Rechtecks stecken. Die Unter- und Seitenkanten knapp aufnähen.

⑪

⑪ Die beiden Futterteile an den Seiten und unten rechts auf rechts zusammennähen, die Ecken wie in Schritt 5–7 beschrieben abnähen.

⑫ Die Außentasche auf rechts wenden und die obere Kante 1 cm und dann noch einmal 3 cm breit nach links umbügeln.

⑫

⑬ Das Futter in die Tasche stecken und die obere Kante des Futters unter die umgebügelte Kante schieben. Alles feststecken und die Umschlagkante von innen knapp absteppen.

⑬

⑭ Die SnapPap-Streifen der Länge nach falten, sodass die Längskanten jeweils aufeinanderliegen. Diese Kanten ca. 2-3 mm breit absteppen. Die Streifenenden jeweils mit einem Abstand von 14 cm zur Seitennaht und 5 cm zur oberen Kante mit Clips befestigen.

⑮ Auf dem Trägerende zuerst ein Rechteck und dann in der Mitte des Rechtecks ein Kreuz nähen, um die Träger zu fixieren.

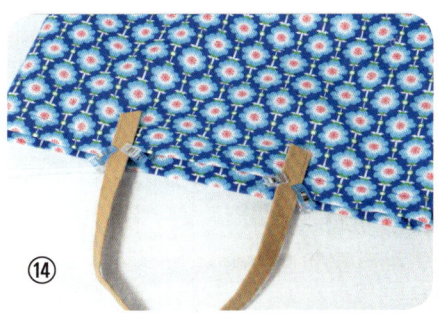

⑭

⑮

In der
Küche

Buchstaben-Magnete

TYPOGRAPHIE FÜR DIE KÜCHE! MIT DIESEN STOFF-MAGNETEN LASSEN SICH LIEBLINGSZITATE AN DEN KÜHLSCHRANK ZAUBERN.

Material & Vorbereitung

- Stoffreste
- Volumenvlies H640
- Textilsprühkleber
- Scheibenmagnete, Ø 1 cm, 3 mm hoch
- Zackenschere
- Papier (für die Vorlagen)

- Zeitungspapier, um die Arbeitsfläche beim Aufsprühen des Klebers abzudecken

Buchstaben in Grau auf Bogen A
In einem Textbearbeitungsprogramm die gewünschten Buchstaben schreiben, ver-

größern und ausrucken oder von Bogen A kopieren. Anschließend die Buchstaben ausschneiden. Für jeden Buchstaben 2 Stoffrechtecke und ein Rechteck aus Volumenvlies zuschneiden, die rundum ca. 2 cm größer sind als die Buchstaben-Vorlage.

① Die Buchstaben-Vorlage mit Sprühkleber mittig auf der rechten Seite eines Stoffrechtecks fixieren (= Vorderseite). Dann die Rechtecke so schichten und ebenfalls mithilfe des Sprühklebers fixieren, dass die rechten Stoffseiten nach außen zeigen, das Volumenvlies dazwischenliegt und der Magnet an der breitesten Stelle des Buchstabens zwischen Volumenvlies und Stoffrückseite sitzt.

② Mit einem Geradstich (Stichlänge 3) und dem Reißverschlussfuß um die Buchstaben-Vorlage nähen.

③ Mit einer Zackenschere vorsichtig dicht neben der Naht den überschüssigen Stoff wegschneiden und das Papier abziehen.

DIY TIPP

Wer keinen magnetischen Kühlschrank besitzt, kann zum Beispiel ein altes Kuchenblech aus Metall anmalen.

Fuchs-Topfhandschuhe

DER KLEINE KÜCHENFUCHS SIEHT NICHT NUR SÜSS AUS, MIT SEINER HITZEBESTÄNDIGEN EINLAGE SCHÜTZT ER DIE HÄNDE BEIM BACKEN.

Material & Vorbereitung

- 125 x 40 cm Baumwoll-Leinen in Orange
- 50 x 25 cm Baumwoll-Leinen in Weiß
- 5 x 5 cm Stoffrest Baumwoll-Leinen in Dunkelbraun
- dunkelbraunes Garn
- weißes Garn
- 25 x 120 cm Thermolam Plus zum Aufbügeln
- 12 cm Webband, 1,5-2 cm breit
- Textilsprühkleber
- Markierstift
- Feuerzeug
- Zeitungspapier, um die Arbeitsfläche beim Sprühen mit dem Kleber abzudecken

Vorlagen 5A bis 5H auf Bogen A
Nahtzugaben von 0,7 cm sind in den Schnittteilen bereits enthalten.

Zuschneiden
In **Orange**:
- 2x das Gesicht
- 1x den langen Streifen im Stoffbruch
- 2x den kurzen Streifen

In **Weiß**:
- je 1x die rechte und linke Backe
- 2x das Ohrinnenteil
- 2x das Schwanzende

In **Braun**:
- 2x die Nase

Die Markierungen auf Gesicht und Backen mit einem Markierstift übertragen. Dazu die Vorlagen unter den Stoff legen und abpausen, ggf. gegen ein Fenster halten. Den langen Streifen sowie Gesicht und Schwanz auch aus Thermolam zuschneiden und damit jeweils die linken Seiten des Streifens und die Vorderseiten von Gesicht und Schwanz verstärken.

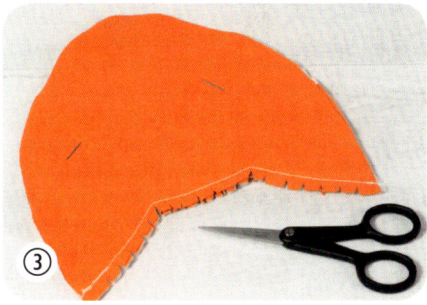

① Die Nase mit Sprühkleber auf dem Gesicht fixieren und mit einem Zickzackstich (Stichlänge 1, Stichbreite 3) und braunem Garn aufnähen. Das Stirnmuster mit einem Geradstich nachnähen.

② Die Backen und die Ohreninnenteile ebenfalls mit Sprühkleber befestigen. Zunächst die Wimpern und die Augen mit einem Geradstich nähen, dann die Backen und die Ohren mit einem Zickzackstich befestigen (die Backenaußenseiten bleiben offen).

③ Die Gesicht-Rückseite nun rechts auf rechts an die Vorderseite stecken und die obere Kante nähen. Die Nahtzugabe mit einer kleinen Schere mehrfach einschneiden, an den Nahtecken bis dicht an die Naht schneiden, wenden und bügeln.

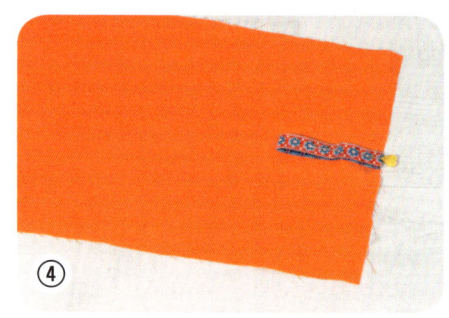

④ Das Webband zur Hälfte falten, die Enden vorsichtig mit einem Feuerzeug veröden. Die Schlaufe mittig auf die gerade Kante eines kurzen Streifens stecken und auf der Nahtzugabe festnähen.

⑤ Den anderen kurzen Streifen rechts auf rechts darüberlegen, feststecken und mittig eine Wendeöffnung von ca. 6 cm markieren. Die kurze gerade Seite mit einem Geradstich schließen, dabei bleibt der Bereich zwischen den Markierungen offen.

⑥ Für das Schwanzende die beiden weißen Teile rechts auf rechts an der geraden Kante zusammennähen,

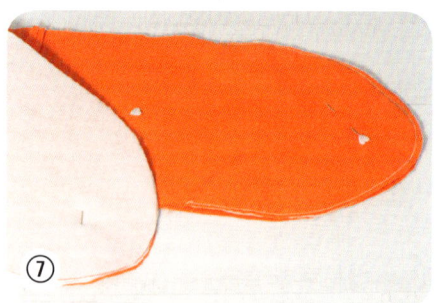

wenden und bügeln. Gesicht und Schwanzende auf die rechte Seite des zusammengesetzten Streifens stecken und innerhalb der Nahtzugabe annähen, dabei zeigt die rechte Seite des Gesichts nach oben.

⑦ Nun den mit Thermolam verstärkten langen Streifen rechts auf rechts daraufstecken und einmal ringsherum nähen.

⑧ Die Nahtzugaben an den Rundungen im Abstand von ca. 6-8 mm bis dicht an die Naht einschneiden. Den Topfhandschuh wenden und bügeln. Die Wendeöffnung von Hand schließen, siehe Seite 12.

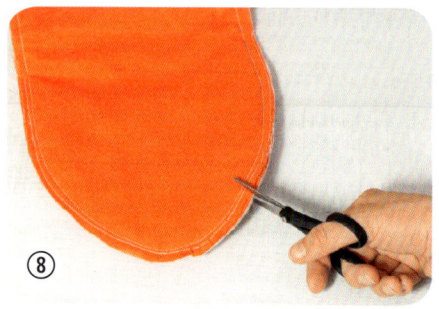

Leiterstich

siehe Seite 12

REZEPT

PÂTES

Anzac Biscuits

Anzac Biscuits sind ein Mitbringsel aus meiner Kindheit in Australien. Heute liebe nicht nur ich sie, sondern auch meine Kinder. In Australien haben die Knusperkekse eine lange Tradition. Während des Kriegs wurden sie wegen ihrer guten Haltbarkeit an Soldaten verschickt. Aber Achtung, sie schmecken nach mehr! Am besten gleich die doppelte Menge backen.

Zutaten

Der Teig reicht für ca. 35 Kekse.
Zubereitungszeit: 15 Minuten
Backzeit: 10-15 Minuten

- 150 g Mehl
- 90 g kernige Haferflocken
- 90 g Kokosflocken
- 60 g Zucker
- 100 g brauner Zucker
- 120 g Butter
- 2 Esslöffel Zuckerrübensirup
- 2 Esslöffel Wasser
- 1/2 Teelöffel Natron
- Backpapier

① Ofen auf 150°C vorheizen. Ein Backblech mit Backpapier belegen.

② In einer großen Schüssel Mehl, Haferflocken, Kokosflocken und die beiden Zuckersorten vermengen.

③ Die Butter, den Zuckerrübensirup und das Wasser in einem kleinen Topf unter Rühren schmelzen. Vom Herd nehmen und das Natron zugeben.

④ Diese Mischung nun gut mit den trockenen Zutaten vermischen.

⑤ Mit den Händen walnussgroße Bällchen formen und im Abstand von ca. 4-5 cm auf das Backblech legen. Mit der Hand etwas flach drücken und bei 150°C ca. 10-15 Minuten backen, bis die Kekse goldbraun sind.

⑥ Die Kekse sind nach dem Backen noch weich, daher kurz abkühlen lassen, bevor man sie auf ein Kuchengitter zum Trocknen legt.

Andreas Tipp

Je dunkler die Kekse, desto knuspriger werden sie. Wer sie etwas weicher mag, holt sie schon nach 10–12 Minuten aus dem Ofen.

Plastiktütenspender

ENDLICH ORDNUNG IN DER TÜTEN-SAMMLUNG! DER HÜBSCHE SPENDER MIT TASSEN-APPLIKATION HILFT TATKRÄFTIG BEIM RECYCLING.

Material & Vorbereitung

- 90 x 20 cm Baumwoll-Leinen in Hellorange
- 6 gemusterte Stoffreste für die Tassen, mind. 15 x 15 cm
- 20 x 10 cm Filz in Türkis für die Henkel
- 35 cm Webband, 1,5-2 cm breit
- 2 Knöpfe, Ø ca. 1-1,5 cm (optional)
- 10 cm Gummiband, 3 mm breit
- 1 kleine Sicherheitsnadel
- Feuerzeug
- Textilsprühkleber
- 50 x 25 cm ausreißbares Stickvlies
- Zeitungspapier zum Abdecken der Arbeitsfläche beim Aufsprühen des Klebers

Vorlagen 6A bis 6F und Schema 6G auf Bogen B.
Nahtzugaben von 0,7 cm sind in den Schnittteilen bereits enthalten.

Die Vorlagen für die Tassen kopieren und ausschneiden. Für jede Tasse ein Rechteck aus den Stoffresten zuschneiden, das etwas größer ist als die Vorlage.

Die Vorderseiten der Tassen-Vorlagen mit Sprühkleber besprühen und auf der linken

Stoffseite der Quadrate fixieren. Die Henkel-Vorlagen in gleicher Weise auf den Filz kleben. Applikationen entlang der Vorlagenkanten ausschneiden. Die Vorlagen abziehen.

① Aus dem Baumwoll-Leinen zwei Streifen à 45 x 20 cm schneiden. Alle Henkel aus Filz mit Sprühkleber besprühen und zusammen mit den Tassen (die werden noch nicht aufgeklebt, sondern helfen nur bei der Positionierung) auf einem der orangen Streifen platzieren, dabei überlappen sich die Tassen (siehe Schema 6G). Am Streifen nach unten und oben zum Zusammennähen mindestens 2 cm Platz lassen. Die Tassen wieder abnehmen.

② Auf der Rückseite des mit Henkeln versehenen Stoffes das Stickvlies mit Sprühkleber anbringen. Die Henkel mit einem Geradstich annähen. Dabei das Nähgut mit der Nadel im Stoff und angehobenem Nähfuß immer wieder drehen.

③ Die Tassen-Rückseiten mit Sprühkleber besprühen und gestapelt und überlappend über den Henkeln befestigen. Nun mit einem Zickzackstich (Stichlänge 1,5, Stichbreite 3) von oben beginnend die Tassen applizieren. Beim Nähen die jeweils überlappende Tasse anheben. Anschließend das Stickvlies ausreißen.

④ Die orangen Streifen (= Vorder- und Rückseite) an den Seiten rechts auf rechts aneinandernähen.

⑤ Die obere und untere Kante einmal einschlagen und bügeln.

⑥ Beide Kanten nochmals einschlagen und bügeln. Mit einem Geradstich ganz nah an der umgebügelten Kante nähen, dabei am unteren Saum eine kleine Öffnung zum Einfädeln des Gummibandes lassen.

⑦ Das Gummiband mit der Sicherheitsnadel in den Tunnel einfädeln.

⑧ Dann das Gummi stramm ziehen, bis die Öffnung ca. 3 cm breit ist, und doppelt verknoten. Das Gummi kürzen, den Knoten in den Tunnel ziehen. Die Nahtöffnung mit einem Geradstich schließen. Die Enden des Webbands mit dem Feuerzeug veröden. Ein Ende ca. 3 cm einklappen, an der Oberkante über der Seitennaht des Spenders mit einer Naht fixieren und auf Wunsch noch einen Knopf anbringen. Das andere Bandende entsprechend über der anderen Seitennaht annähen. Darauf aufpassen, dass sich das Webband nicht verdreht.

Knopf annähen
siehe Seite 11

Knopfleistenschürze

BEI DIESER SCHÖNEN SCHÜRZE IST DAS GESCHIRRTUCH NICHT WEIT, DENN ES WIRD MIT EINEM DRUCKKNOPF AM BUND BEFESTIGT.

Material & Vorbereitung

- 90 x 80 cm gemusterter Stoff 1 in Braun
- 30 x 40 cm gemusterter Stoff 2 in Gelb
- 20 x 60 cm gemusterter Stoff 3 in Gelb
- 35 x 115 cm gemusterter Stoff 4 in Gelb
- 20 x 20 gemusterter Stoff 5 in Pink
- 60 x 52 cm Stoff für das Geschirrtuch
- 1 Knopf, Ø ca. 2 cm
- 1-2 Colorsnaps (= Druckknöpfe)
- Zange zum Befestigen der Druckknöpfe

Vorlagen 7A und 7B auf Bogen B
Nahtzugaben von 0,7 cm sind in den Angaben bereits enthalten.

Zuschneiden
Stoff 1:
- 1x das Schürzenoberteil im Stoffbruch
- 1 Rechteck à 60 cm (Höhe) x 75 cm (Breite)

Stoff 2:
- 1x das Schürzenoberteil im Stoffbruch

Stoff 3:
- 1x den Schürzenbund im Stoffbruch
- 1 Rechteck für die Tasche à 17 x 15 cm

Stoff 4:
- 1x den Schürzenbund im Stoffbruch
- 2 Streifen à 55 x 8 cm
- 2 Streifen à 110 x 8 cm

Stoff 5:
- 1 Rechteck für die Tasche à 17 x 15 cm

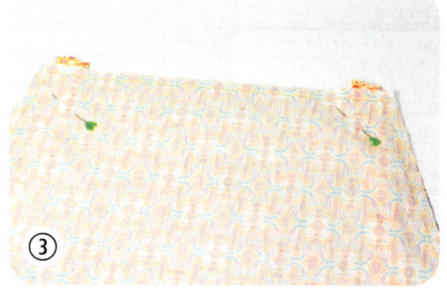

① Die Streifen rechts auf rechts zur Hälfte legen, sodass die Längskanten aufeinanderliegen. Jeweils die lange Kante sowie eine kurze Kante steppen. Die Streifen wenden und bügeln. Jeweils bis auf die offene kurze Kante alle Kanten schmal absteppen.

② Die beiden kürzeren Streifen nun wie eingezeichnet und mit der Naht nach außen zeigend an die Oberkante des Schürzenoberteils (Stoff 1) stecken.

③ Den Futterstoff (Stoff 2) des Schürzenoberteils rechts auf rechts darauflegen und die beiden Seitenkanten sowie die Oberkante steppen. Die Nahtzugaben an den Ecken abschneiden, das Teil wenden und bügeln.

④ Die beiden langen Streifen mit der Naht nach unten zeigend an die kurzen Kanten des Bundes (Stoff 3) stecken.

⑤ Das Bund-Futter (Stoff 4) rechts auf rechts auf den Bund mit den angesteckten Streifen stecken und die beiden kurzen Kanten steppen. Wenden und bügeln.

⑥ Nun den Bund mit der Oberkante (= kürzere Seite) rechts auf rechts an die Unterkante des Schürzenoberteils stecken. Diese Kante steppen, die Nahtzugaben zusammen versäubern, nach unten klappen und bügeln. Die Naht knappkantig steppen.

⑦ Das Druckknopfunterteil zum Befestigen des Handtuchs an der gewünschten Stelle auf dem Bund anbringen. Nach Bedarf auch ein zweites für ein zweites Tuch.

Raffungen

siehe Seite 12

⑧ Die Tasche anfertigen. Dazu die beiden Taschenteile rechts auf rechts aufeinanderstecken und die beiden längeren sowie eine kurze Kante steppen. Die Nahtzugaben an den Ecken abschneiden, die Tasche wenden und bügeln.

⑨ Die Tasche so hinlegen, dass die offene Kante nach unten zeigt. Die rechte obere Ecke einklappen, bügeln und in der Mitte des umgeklappten Dreiecks einen Knopf anbringen.
Die untere Kante 1 cm breit nach links, also in die Tasche, bügeln.

⑩ Die Tasche jeweils ca. 15 cm vom rechten seitlichen und oberen Rand des Schürzenrocks entfernt feststecken und die Seitenkanten sowie die untere Kante feststeppen, dabei an den oberen Ecken die Nähte gut verriegeln.

⑪ Die Unter- und Seitenkanten des Schürzenrocks säumen (siehe Seite 11). Die Oberkante gleichmäßig raffen, bis die Rockkante die gleiche Länge hat wie die Unterkante des Schürzenbunds (siehe Seite 12).
Die obere Rockkante rechts auf rechts auf die Unterkante des Bunds legen, die Raffung auf Gleichmäßigkeit kontrollieren und den Rock feststecken. Zwischen den beiden Kräuselnähten mit einem normalen Geradstich (Stichlänge 2,5 cm) steppen und so den Rock annähen. Die Nahtzugaben nach oben klappen, zusammen versäubern, bügeln und knappkantig steppen. Das Rechteck für das Geschirrtuch an allen Seiten säumen und in der Mitte einer kurzen Kante ein Druckknopfoberteil anbringen (siehe Seite 11).

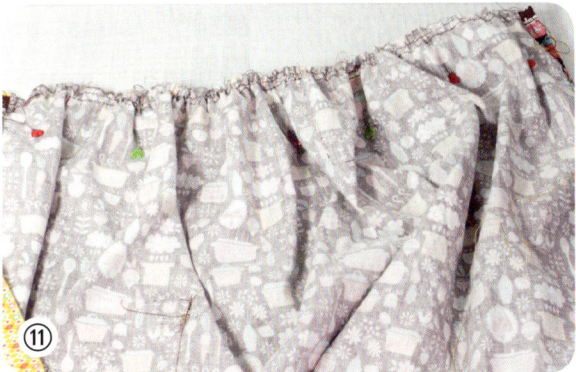

REZEPT

54

Birnen-Walnuss-Pie

Gibt es etwas Schöneres als in gemütlicher Atmosphäre eine Pie mit seiner Familie zu teilen? Wohl kaum!
Diese Pie vereint perfekt die Säure der Birnen mit der Süße des Ahornsirups. Die Walnüsse sorgen für den Crunch.

Zutaten

Für eine Pie mit 25 cm Ø
Zubereitungszeit: 60 Minuten
Backzeit: 60 Minuten

Für den Teig
- 500 g Mehl
- 150 g kalte Butter
- 1 Prise Salz
- 60 ml kaltes Wasser

Für die Füllung
- 1 kg Birnen
- 5 EL Mehl
- 50 ml Ahornsirup
- 50 g brauner Zucker
- 50 g grob gehackte Walnüsse
- Saft einer halben Zitrone

Außerdem
- 1 Ei

① In einer großen Schüssel Mehl und Salz vermischen. Die Butter in kleine Stücke schneiden und zu dem Mehl geben. Mit dem Knethaken so lange vermengen, bis der Teig bröselig ist. Löffelweise das Wasser dazugeben, bis der Teig glatt, aber nicht nass, ist. Zwei Kugeln formen, in Klarsichtfolie wickeln und für eine halbe Stunde in den Kühlschrank legen.

② In der Zwischenzeit die Birnen schälen, vierteln und in dünne Scheiben schneiden. In einer Schüssel mit dem Mehl, Ahornsirup, Zucker und Walnüssen vermischen.

③ Den Ofen auf 180°C vorheizen. Eine Pieform (ca. 25 cm Ø) mit Butter einfetten. Eine Teigkugel mit dem Nudelholz so dünn ausrollen, dass ein Kreis entsteht, der ca. 5 cm größer ist als der Boden der Pieform. Den Boden und die Seiten der Form damit belegen, den Teig gut andrücken. Den überschüssigen Teig am oberen Rand abschneiden.

④ Die Birnenmischung in die Form geben. Die zweite Teighälfte ebenfalls dünn ausrollen und mit einer Ausstechform ein Muster stechen. Den Teig vorsichtig auf die Pie heben, die Ränder passend abschneiden und mit den Fingern an den unteren Teigrand drücken.

⑤ Bei 180°C ca. 50-60 Minuten backen bzw. bis der Teig goldbraun ist. Etwas abkühlen lassen, Puderzucker daraufsieben und mit Vanillesauce oder Eis servieren.

Andreas Tipp

Der Halter kann für größere Rezeptbücher angepasst werden. Dazu das Buch aufklappen, die Gesamtbreite messen und Streifen und Rechtecke entsprechend länger zuschneiden.

Rezeptehalter

DURCH DIE ABWISCHBARE FOLIE DIESES HALTERS IST DAS TABLET ODER DER REZEPTAUSDRUCK BEIM KOCHEN GUT GESCHÜTZT.

Material & Vorbereitung

- 15 x 125 cm gemusterter Stoff in Gelb
- 35 x 65 cm Stoff in Blau-Weiß
- 35 cm fertiges Schrägband in Orange
- 2 Colorsnaps in Türkis
- 25 - 35 cm Kordel, Ø 8 cm
- 55 cm Vlieseline H250, 90 cm breit
- Stylefix
- 23 x 27 cm transparente PVC Folie, 0,2 mm dick

Nahtzugaben von 0,7 cm sind in den Angaben bereits enthalten.

Zuschneiden

In Gelb:
- 4 Streifen 32 x 6 cm
- 4 Streifen 22 x 6 cm

In Blau-Weiß:
- 2 Rechtecke à 30,5 x 31 cm

Aus Folie:
- 24,5 x 23,5 cm

Alle zugeschnittenen Stoffteile mit Vlieseline verstärken.

① Je zwei kurze Streifen rechts auf rechts auf aufeinanderlegen und eine lange Kante steppen, wenden und bügeln.

② Nun jeweils zwei lange Streifen rechts auf rechts legen und an jedem Ende bündig die bereits genähten kurzen Streifen dazwischenlegen (vgl. Bild 3). Dabei liegen die offenen Kanten außen.

③ Die langen Kanten steppen, die Streifen wenden und bügeln.

DIY TIPP

Einfach einen Streifen Stoff mit Serviettenlack einpinseln, um einen Löffelstil wickeln und mit wasserfestem Serviettenlack versiegeln.

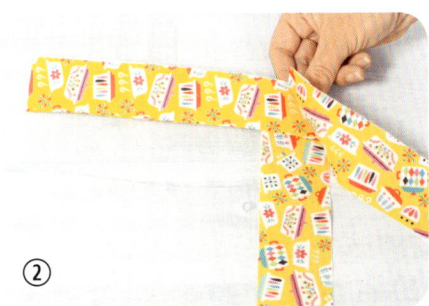

②

①

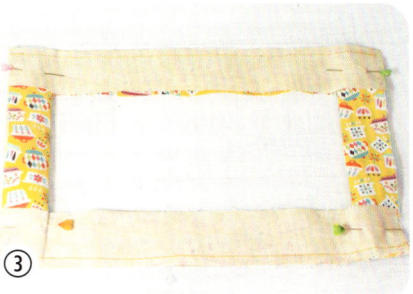

③

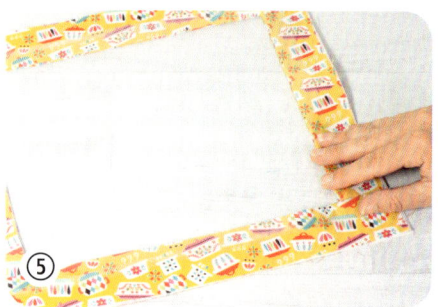

④ An den langen Seiten der Folie Stylefix anbringen.

⑤ Das Schutzpapier vom Stylefix abziehen und die Folie auf die Rückseite des genähten Rahmens kleben.

⑥ Den Rahmen umdrehen und mit 3 mm Abstand zur inneren Kante absteppen, dabei die Folie mitfassen.

⑦ Eine lange Kante des Rahmens mit dem Schrägband einfassen (siehe Seite 11).

⑧ Die Kordel in der Mitte eines Rückenteils (= rechte Seite eines blau-weißen Rechtecks) auf der Nahtzugabe mit mehreren Zickzackstichen festnähen und den Rahmen mit der rechten Seite nach oben auf das Rückenteil stecken.

⑨ Das andere Rückenteil-Rechteck nun rechts auf rechts auf das Nähwerk legen. Eine Wendeöffnung von ca. 10 cm markieren und einmal ringsherum steppen. Die Wendeöffnung bleibt offen. Die Nahtzugaben an den Ecken abschneiden. Das Nähgut durch die Wendeöffnung wenden und vorsichtig (ohne die Folie zu berühren) glatt bügeln. An der Öffnung das Rahmens gleichmäßig verteilt zwei Druckknöpfe anbringen, damit der Halter nicht aufklappt.

Druckknopf anbringen
siehe Seite 11

DIY TIPP

Mit zwei Kunststoff-Druckknöpfen und einem kleinen Streifen Filz bekommt jedes Geschirrtuch eine praktische Schlaufe zum Aufhängen.

Bei Tisch

Andreas Tipp

Zum Erwärmen die Kissen mit den
Händen etwas anfeuchten und für
ca. 1 Minute in die Mikrowelle geben.
Achtung Finger nicht verbrennen!

Eierkissen & -hüllen

EIN ERWÄRMBARES KISSEN UND EINE HAUBE AUS FILZ
HALTEN DAS FRÜHSTÜCKSEI VON OBEN UND UNTEN WARM.

Material & Vorbereitung

Je Kissen: 15 x 30 cm Stoff
Je Eihülle: 20 x 15 cm Filz in Pink
• 10 x 10 cm Stoffrest für die Applikation
• 10 x 10 cm Filzrest für die Applikation
• Zeitungspapier zum Abdecken der Arbeitsfläche beim Sprühen mit dem Kleber
• 1 Knopf, Ø ca. 18 mm
• 10 cm Webband, 1,5 – 2 cm breit

• Feuerzeug
• Textilsprühkleber
• Stylefix
• Markierstift
• Zackenschere
• Reis zum Füllen

Vorlagen 8A, 9A und 9B auf Bogen B
Nahtzugaben von 0,7 cm sind in den Schnittteilen bereits enthalten.

Zuschneiden
Je Eierwärmer:
• 2x das Schnittteil 9A aus Filz
• 1x den Schmetterling 9B aus dem Stoffrest

② Reis einfüllen (ca. 60 g). Die Füllöffnung mit einem Geradstich schließen.

③ Den Schmetterling mit Sprühkleber
auf den Filz kleben und mit einem Zickzackstich aufnähen und knappkantig
ausschneiden. Dann den Schmetterling mit dem Knopf auf die Außenseite
eines Eierwärmerteils nähen (siehe
Foto).

④ Das Webband mittig falten und die
Enden vorsichtig mit dem Feuerzeug
veröden. Anschließend die Schlaufe auf
der linken Seite eines Eierwärmerteils
(oben in der Mitte) mit Stylefix befestigen. An den Seiten des Teils ebenfalls
Stylefix anbringen.

① Den Stoff für das Kissen rechts auf
rechts zur Hälfte legen (= 15 x 15 cm),
den Kreis 8A mittig aufzeichnen. Die
Stofflagen entlang der Linie zusammennähen, dabei eine Füllöffnung von ca.
4-5 cm lassen. Etwa 1 cm neben der
Naht den Kreis mit der Zackenschere
ausschneiden.

⑤ Das Schutzpapier lösen, das andere
Filzteil links auf links auflegen und die
Teile bis auf die Unterkante im Abstand
von 2 mm zur Kante aufeinander-
steppen.

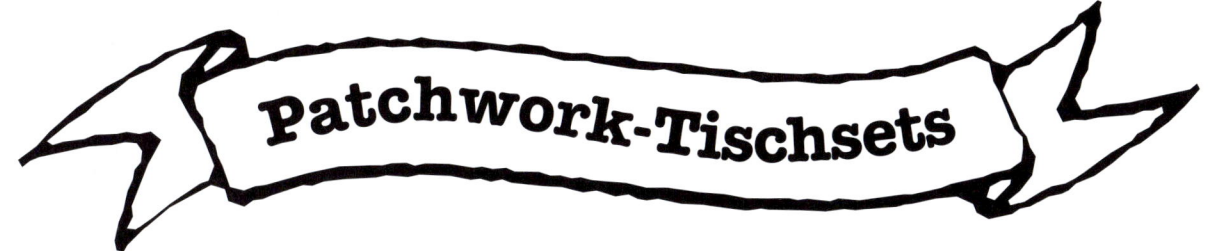

Patchwork-Tischsets

DIESE RAFFINERT GEWEBTEN TISCHSETS ÜBERZEUGEN DURCH IHREN MUSTERMIX IN PATCHWORK-OPTIK.

Material & Vorbereitung

- 50 x 35 cm gemusterter Stoff in Türkis,
- verschiedene Stoffreste, je mindestens 3 x 35 cm groß, insgesamt ausreichend für 13 Streifen
- 40 x 90 cm Vlieseline H250
- 40 x 55 cm Filz in Grau
- Textilsprühkleber
- Markierstift
- Zeitungspapier zum Abdecken der Arbeitsfläche beim Aufsprühen des Klebers

Alle Angaben enthalten bereits die notwendigen Zugaben.

Zuschneiden

In **Türkis**:
- Rechteck à 47 x 33 cm

Aus den Stoffresten:
- 13 Streifen à 3 x 35 cm

Alle zugeschnittenen Teile mit Vlieseline verstärken.

①

②

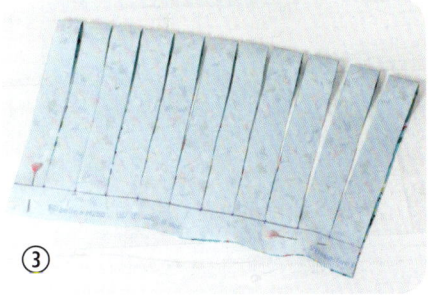

③

① Das Rechteck rechts auf rechts zur Hälfte falten (= 23,5 x 33 cm) und mit Stecknadeln fixieren. Mit Lineal und Markierstift im Abstand von 3 cm zur 33 cm langen Kante eine Linie ziehen. Auf dieser Linie und auf dem Stoffbruch jeweils 3 cm große Abstände markieren.

② Mithilfe eines Lineals die Markierungen verbinden, sodass alle 3 cm eine Linie entsteht.

③ Vom Stoffbruch aus vorsichtig entlang der Linien bis zur Querlinie schneiden. Die Stecknadeln entfernen und das Rechteck ausbreiten.

④ Nun werden die Stoffstreifen eingewebt. Am äußeren Einschnitt mit dem ersten Streifen von oben beginnen, mit dem zweiten von unten, mit dem dritten wieder von oben usw.

⑤ Die Streifen mit Clips und/oder Stecknadeln fixieren, damit sie nicht herausrutschen.

⑥ Auf der Nähmaschine einen Zickzackstich einstellen (Stichlänge 2, Stichbreite 3-4) und alle Stoffkanten in Längs- und Querrichtung übernähen. Dabei darauf achten, dass immer beide Stoffkanten mitgefasst werden.

⑦. Das gesamte Nähwerk nun von links mit Sprühkleber besprühen und mittig auf den Filz kleben.

⑧ Die Ränder des Patchworkteils mit dem gleichen Zickzackstich auf den Filz steppen. Die Filzränder 1 cm von den Kanten des Patchworkteils entfernt gerade abschneiden.

Bestecktasche

Zwei Stück Papier (Packpapier, Origami- oder Geschenkpapier) mit einem kontrastierenden Garn an der Nähmaschine (lange Stichlänge) zusammennähen. Die Tasche bestempeln und mit einer Papierstanze einen schönen Rand stanzen.

Kordel-Korb

DIESER DEKORATIVE KORB WIRD AUS EINER KORDEL
GEWICKELT UND IN BATIKOPTIK GENÄHT.

Material & Vorbereitung

- 10 m Baumwollkordel, Ø 4 mm
- Garn in 3 verschiedenen Pinktönen
- Garn in Weiß

Das Ende der Kordel spitz abschneiden.

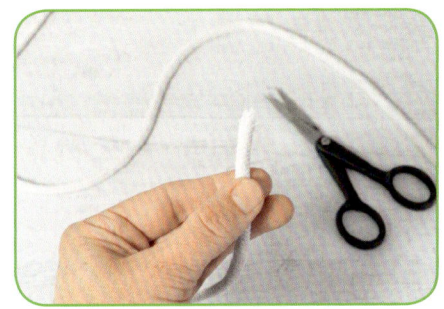

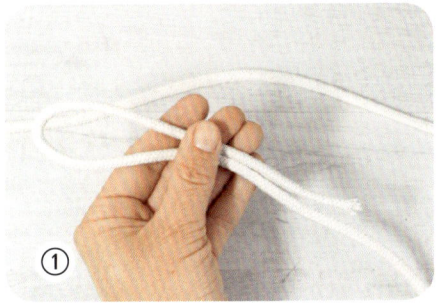

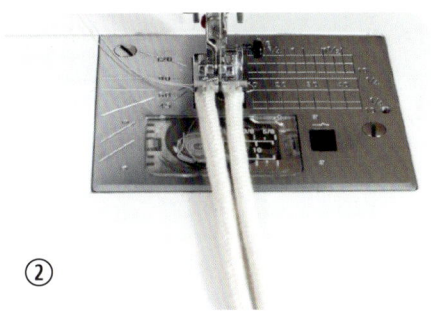

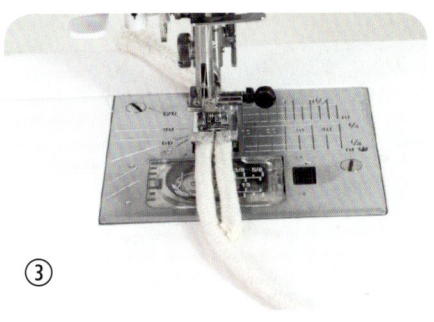

① Ungefähr 15 cm der Kordel einschlagen.

② Die entstandene Schlaufe unter den Nähmaschinenfuß legen und die Kordel mit der Nähmaschinennadel fixieren.

③ Mit einem sehr breiten Zickzackstich (Stichlänge 1,5) und dem weißen Nähgarn die beiden Kordelseiten zusammennähen.

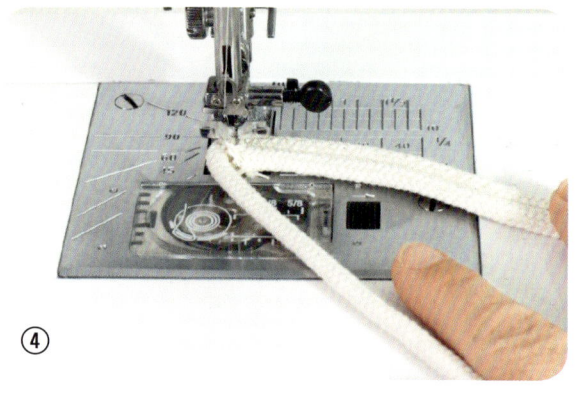

④

④ Mit der Nadel in der Kordel den Nähfuß anheben und die Kordeln etwas drehen, dabei das lose Kordelende an die beiden zusammengenähten legen.

⑤ Den Nähfuß wieder senken und das lose Kordelstück zusammen mit dem bereits angenähten Kordelteil daneben fassen. Immer wieder das lose Kordelende um die bereits zusammengenähte Fläche legen und mit dem Zickzackstich annähen.

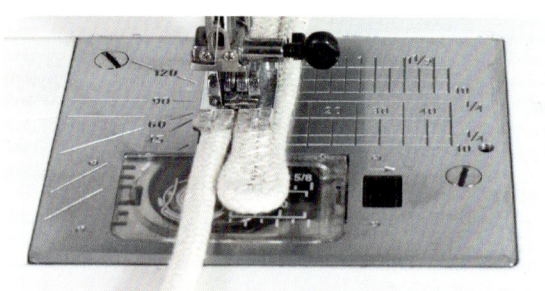

⑤

⑥ Nach 12 Runden das dunklere der drei pinkfarbenen Garne einfädeln (auch das Untergarn anpassen) und weiternähen.

⑦ Um die Seiten zu formen, wird das Nähgut beim Nähen vertikal nach oben gehalten. Nach sechs Runden den mittleren Farbton einfädeln und nach weiteren sechs Runden zum hellen Pinkton wechseln.

⑥

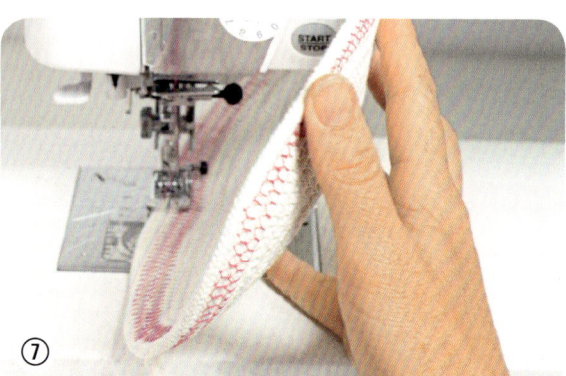

⑦

⑧

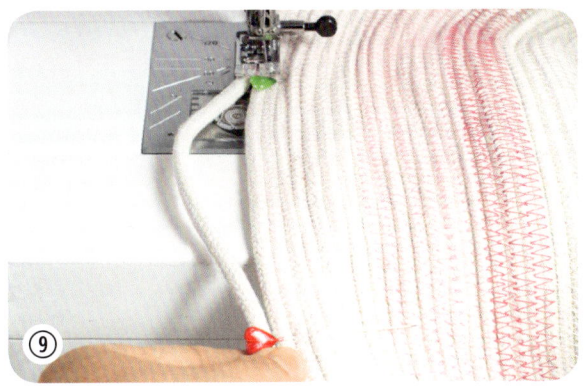

⑧ Nach sieben Runden mit dem hellen Garn jeweils in der Mitte einer langen Seite die Henkelposition mit zwei Stecknadeln markieren.

⑨ Bis zur ersten Nadel nähen, verriegeln (= einige Stiche vorwärts und rückwärts nähen), das Nähgut herausnehmen und an der zweiten Nadel wieder unter den Nähfuß legen. Den Nahtanfang ebenfalls verriegeln und weiternähen.

⑩ In der Folgerunde die erste Kordel des Henkels mitfassen. Auf diese Weise eine weitere Runde nähen. Am Ende der Runde das Kordelende wieder spitz abschneiden, das Ende eng an die bereits genähte Fläche legen, mit Zickzackstichen annähen und das Nahtende verriegeln.

REZEPT

Buchteln mit Zwetschgensoße

Hier kommen meine österreichischen Wurzeln durch, denn Buchteln mit Zwetschgen hat mir meine Oma immer gebacken. Ich habe ihr Originalrezept etwas abgeändert und die Füllung zur Soße umgewandelt.

Zutaten

Die Menge reicht für 12 Buchteln.
Zubereitungszeit: 90 Minuten
Backzeit: 25 Minuten

Für die Buchteln
- 500 g Mehl
- 1 Päckchen Trockenhefe
- 1 Prise Salz
- 60 g Zucker
- 250 ml lauwarme Milch
- 1 Ei
- 1 Päckchen Vanillezucker
- 70 g Butter

Außerdem
- 60 g Butter

Für die Soße
- 1 EL Butter
- 500 g Zwetschgen
- 150 g brauner Zucker
- 100 ml Sahne

① Das Mehl mit der Hefe und dem Salz vermischen.

② Zucker, Milch, Ei und Vanillezucker dazugeben. 70 g Butter zerlassen, abkühlen lassen und ebenfalls hinzugeben.

③ Alles mit einem Knethaken ca. 5 Minuten kneten.

④ Den Teig abdecken und an einem warmen Ort gehen lassen, bis sich sein Volumen verdoppelt hat.

⑤ Den Backofen auf 200° vorheizen.

⑥ Die restliche Butter zerlassen und in eine ca. 25 cm große Auflaufform geben.

⑦ Aus dem Teig mit der Hand kleine Kugeln formen und in die Form geben.

⑧ Im vorgeheizten Backofen bei 200° ca. 25 min backen.

⑨ Für die Soße die Zwetschgen entkernen und vierteln. Die Butter in einer Pfanne zerlassen und die Zwetschgenviertel kurz darin anschwitzen.

⑩ Den Zucker hinzugeben und karamellisieren, bis er vollständig geschmolzen ist. Am Ende die Sahne dazugeben, kurz umrühren und vom Herd nehmen. Noch warm mit den Buchteln servieren.

Gesticktes Wandbild

BILDER MACHEN EINEN WOHNRAUM ERST GEMÜTLICH. DIESES HANDGESTICKTE BILD BRINGT AUCH NOCH GUTE LAUNE MIT.

Material & Vorbereitung

- Stickrahmen aus Holz, Ø 25 cm
- 35 x 35 cm Leinen in Natur
- 35 x 35 cm Vlieseline H250
- Stoffreste in diversen Farben, ca. 6 x 4 cm groß
- Handstickgarn in verschiedenen Farben
- 1 Knopf, Ø ca. 18 mm

- Heißklebepistole
- 80 cm grüne Zackenlitze
- Sticknadel mit Spitze
- Markierstift
- Sprühkleber
- Zeitungspapier zum Abdecken der Arbeitsfläche beim Aufsprühen des Klebers

① Zuerst alle dünnen Linien mit einem Steppstich nachsticken (siehe Seite 12).

② Die Stoffformen mit einem Schlingstich applizieren. Der Stich wird von oben nach unten gearbeitet.

③ Dazu das Fadenende auf der Rückseite sichern, dann mit der Nadel an der Stoffkante, die appliziert werden soll, von unten nach oben ausstechen. Ein paar Millimeter nach unten und innen (auf dem Stoff) versetzt wieder ein- und auf gleicher Höhe an der Stoffkante wieder ausstechen, dabei den Faden unter die Nadelspitze legen. Den Faden so weit anziehen, dass sich das Garn schön um die Kante legt. So den Buchstaben vollständig umsticken, beim letzten Stich durch die Schlinge des ersten Stichs stechen und passend auf dem Buchstaben durch den Stoff stechen, sodass ein fortlaufendes Stichbild entsteht. Die Fäden auf der Rückseite des Bildes vernähen oder verknoten. Am Ende die Ränder des Leinens abschneiden und auf der Rück-

Vorlage 10 auf Bogen B. Das Leinen mit der Vlieseline verstärken und in den Stickrahmen spannen. Die Vorlage kopieren und hinter den Stickrahmen legen, gegen ein Fenster halten und die Vorlage übertragen. Die Vorlagen für die Stoffapplikationen ausschneiden und spiegelverkehrt auf die Rückseiten der Stoffreste übertragen: Buchstaben ausschneiden und mit der rechten Seite nach oben und Sprühkleber auf den Stoff im Rahmen kleben.

seite mit Heißkleber befestigen. Die grüne Zackenlitze und den Knopf ebenfalls mit der Heißklebepistole anbringen (siehe Foto).

DIY TIPP

Das Fuchsgesicht aus der Topfhandschuh-Anleitung von Seite 41 applizieren oder einen Kork-Untersetzer für eine Mini-Pinnwand mit Stoff beziehen.

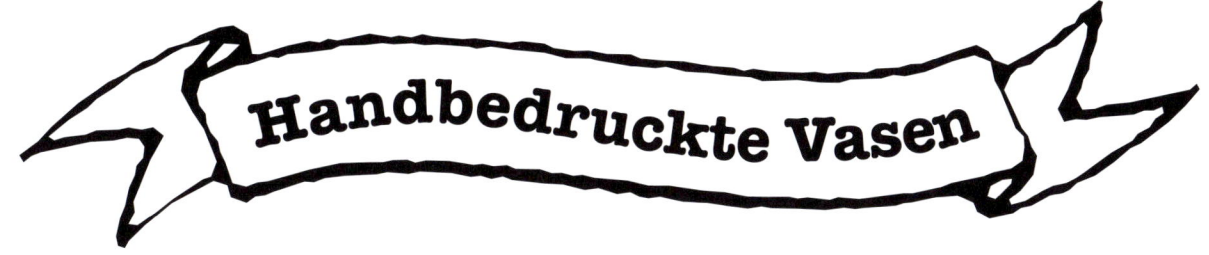

Handbedruckte Vasen

ALTE WEINFLASCHEN MÜSSEN NICHT WEGGESCHMISSEN WERDEN:
MIT EINER SCHICKEN HÜLLE WERDEN DARAUS STYLISCHE VASEN.

Material & Vorbereitung

- 50 x 100 cm Leinen in Weiß
- Stofffarben in Schwarz, Gelb und Pink
- Filzreste
- alte Bleistifte
- buntes Baker's Twine (Bäcker-Garn, Wurstgarn)
- Heißklebepistole
- Weinflasche, Ø max. 9 cm

Die Maßangaben enthalten bereits die notwendigen Nahtzugaben.

Zuschneiden
Für jede Vase:
- 2 Leinenstreifen à 16 x 45 cm

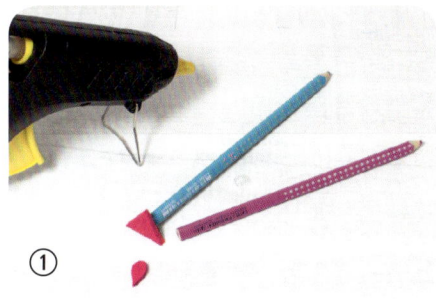

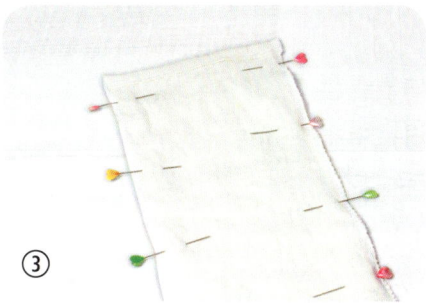

① Stempel anfertigen: Aus dem Filz verschiedene Formen wie Kreise, Dreiecke oder Tropfen ausschneiden. Die Filzstücke jeweils mit der Heißklebepistole an ein Bleistiftende kleben.

② Einen Leinenstreifen mit dem selbst gemachten Stempel und Stofffarbe bestempeln, sodass ein schönes Muster entsteht. Die oberen Kanten der beiden Leinenstreifen säumen (siehe Seite 10).

③ Die beiden Streifen rechts auf rechts aufeinanderstecken und die Unter- und Seitenkanten zusammennähen. Die Nahtzugaben an den Ecken abschneiden. Die Teile wenden und bügeln. Die Weinflaschen in die Hüllen stellen und an den Flaschenhälsen den Stoff mit Baker's Twine zusammenbinden.

Hexa-Patch-Kissen

EGAL WIE MAN SIE DREHT UND WENDET, DIESE KISSEN
IN HEXAGONFORM MACHEN IMMER ETWAS HER.

Material & Vorbereitung

- Für ein großes Kissen: 6 unterschiedlich gemusterte Stoffe, jeweils 30 x 45 cm
- Für ein kleines Kissen: 6 unterschiedlich gemusterte Stoffe, jeweils 20 x 35 cm
- Füllwatte

Vorlagen 11A und 11B auf Bogen B
Nahtzugaben von 0,7 cm sind in den Schnittteilen bereits enthalten.

Mithilfe der Vorlagen für jedes Kissen 12 Dreiecke zuschneiden.

① Zwei Dreiecke rechts auf rechts legen und eine Kante steppen. Die Nahtzugaben in eine Richtung bügeln.

② Ein weiteres Dreieck rechts auf rechts auflegen und annähen. Für jedes Kissen vier dieser Dreierteile anfertigen.

③ Jeweils zwei der Dreierteile rechts auf rechts aufeinanderlegen und an der langen geraden Kante zusammenstecken.

④ Dabei darauf achten, dass die mittleren Dreieckspitzen exakt aufeinandertreffen.

⑤ Die Teile zusammensteppen und die Nahtzugaben auseinanderbügeln. Ebenso mit den anderen beiden Dreierteilen verfahren.

⑥ Die Spitzen der Dreiecke treffen in der Mitte genau aufeinander.

⑦ Nun die beiden Sechsecke rechts auf rechts aufeinanderstecken und eine Wendeöffnung von ca. 10 cm markieren. Ringsherum nähen und die Wendeöffnung offen lassen. Die Nahtzugaben an den Ecken abschneiden. Das Kissen wenden, bügeln und mit der Füllwatte bis zur gewünschten Dicke füllen. Anschließend die Wendeöffnung mit einer knappkantigen Naht oder dem Leiterstich schließen (siehe Seite 10 bzw. 12).

Knappkantig steppen

siehe Seite 10

Buch(-staben)stützen

DIESE BUCHSTÜTZEN IM STOFFMIX UND MIT BUCHSTABENPRINT
HALTEN DIE BÜCHERSAMMLUNG IN ORDNUNG.

Material & Vorbereitung

- Für eine Buchstütze: 2x 20 x 25 cm gemusterter Stoff für die Vorder- und Rückseite
- 2x 15 x 25 cm gemusterter Stoff für die Seitenteile
- 2x 15 x 20 cm gemusterter Stoff für Ober- und Unterseite
- schwarze Stoffmalfarbe
- Tupfenpinsel
- 2x 20 x 25 cm Freezerpaper oder aufbügelbares Stickvlies

- Kugelschreiber
- Papier
- 1 kg Reis
- Drucker

In einem Textbearbeitungsprogramm zwei Buchstaben tippen, auf maximal 12 x 16 cm vergrößern und ausdrucken.

In den Zuschnittmaßen sind die Nahtzugaben von 0,7 cm bereits enthalten.

Zuschneiden
- 2x 16 x 23 cm (= Vorder- und Rückseite)
- 2x 23 x 11 cm (= Seitenteile)
- 2x 16 x 11 cm (= Ober- und Unterseite)

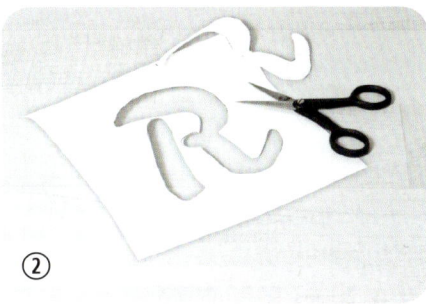

① Die Freezerpaper/Stickvlies-Stücke mit der glänzenden Seite nach unten auf die Buchstabenausdrucke legen und die Buchstaben mit einem Kugelschreiber abpausen.

② Die Buchstaben aus dem Freezer-paper/Stickvlies ausschneiden. Das umrandende Papier wird dabei jeweils nicht angeschnitten. Innere Ausschnitte des Buchstabens, wie z. B. beim A, ebenfalls ausschneiden.

③ Die erste Schablone (und eventuell die inneren Ausschnitte) auf das Vorderseitenteil bügeln.

④

⑤

⑥

⑦

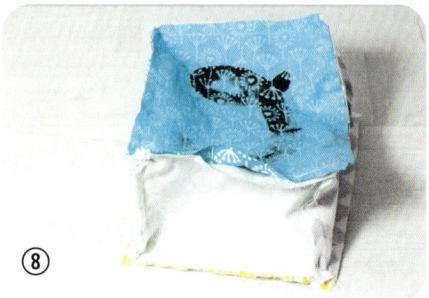

⑧

⑨

④ Die schwarze Farbe mit dem Pinsel auftupfen.

⑤ Das Freezerpaper/Stickvlies abziehen. Auf diese Weise ebenfalls einen Buchstaben auf die Rückseite auftragen.

⑥ Die Teile rechts auf rechts zusammennähen, dabei jeweils die Naht erst 0,7 cm ab der Kante beginnen und 0,7 cm vor der Kante beenden. Die Nahtzugaben werden also nicht aufeinandergenäht. So die beiden Seitenteile an die kurzen Kanten des Oberteils nähen, dann das Unterteil an die noch offenen kurzen Kanten der Seitenteile, sodass ein Ring entsteht.

⑦ Dann den Ring an das Vorderteil nähen, dabei jeweils von Nahtende bis Nahtende steppen, also auch wieder 0,7 cm ab der Kante des Vorderteils beginnen und vor der Kante enden.

⑧ Die Rückseite auf gleiche Weise mit dem Ring verbinden, jedoch eine Füllöffnung von ca. 10 cm lassen.

⑨ Durch diese Öffnung den Reis einfüllen und die Wendeöffnung anschließend mit einer knappkantigen Naht schließen (siehe Seite 10).

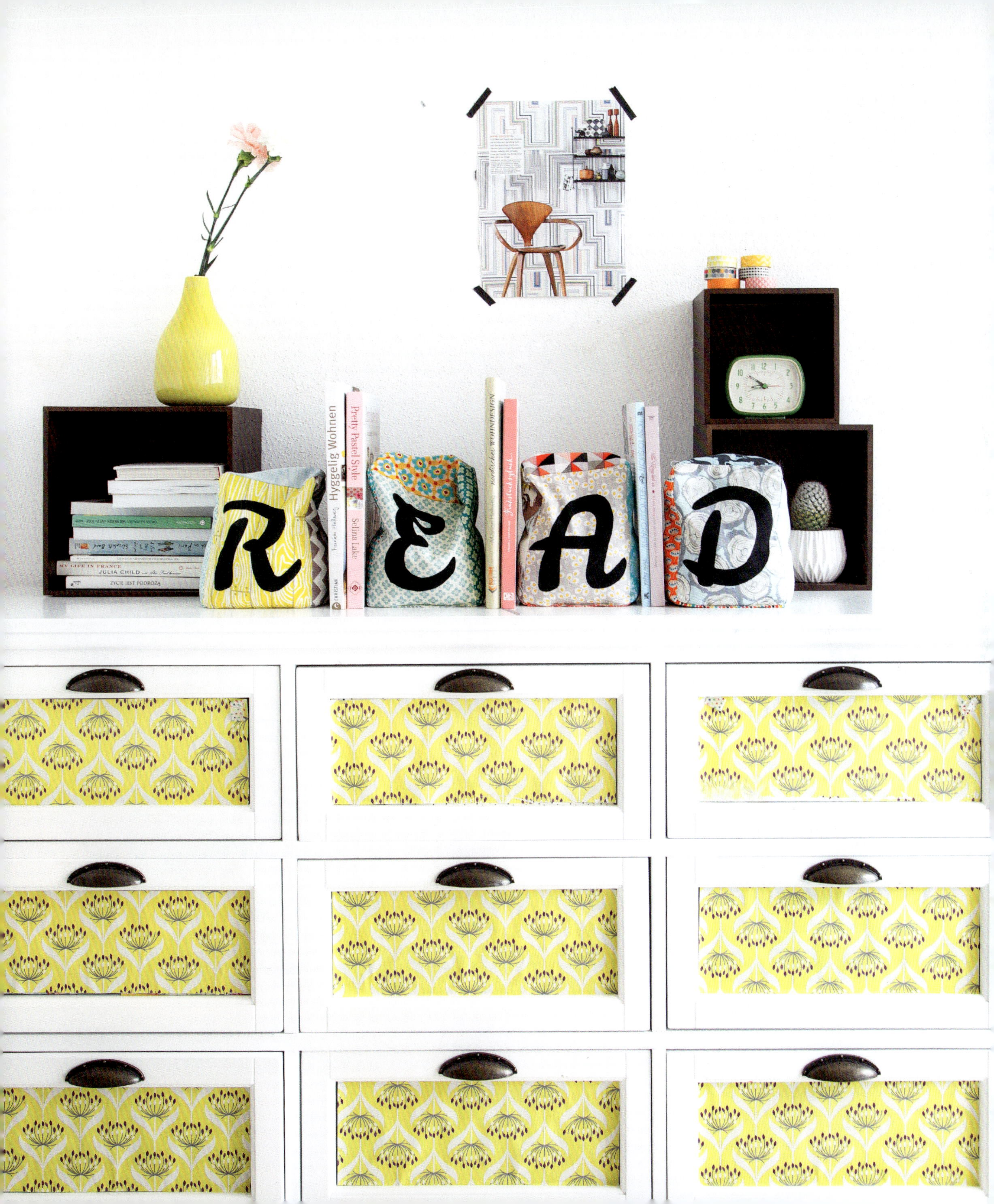
READ
Hyggelig Wohnen
Pretty Pastel Style
Selina Lake
MY LIFE IN FRANCE
JULIA CHILD
ŻYCIE JEST PODRÓŻĄ

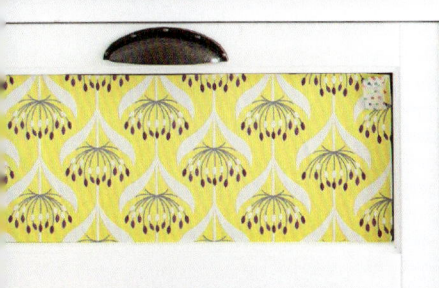

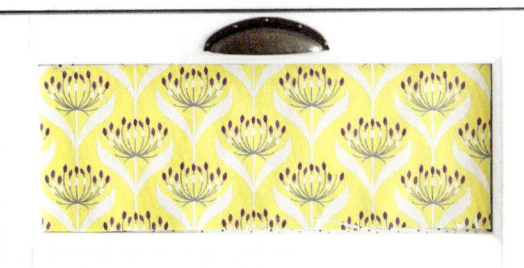

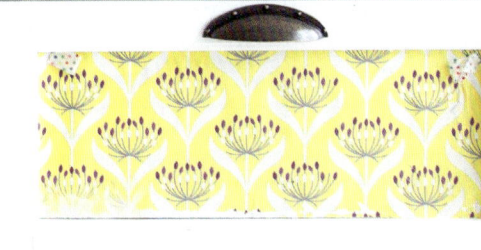

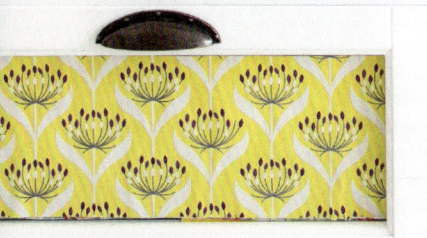

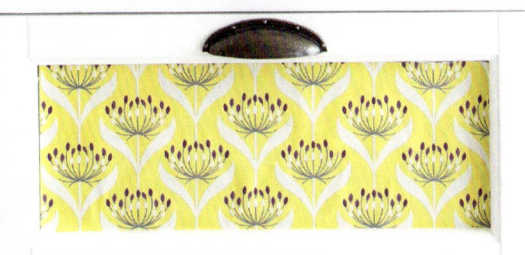

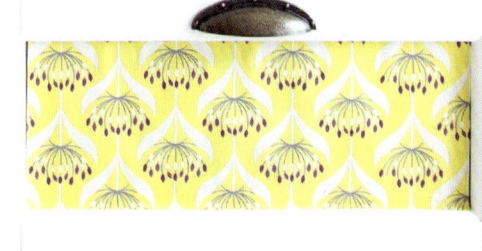

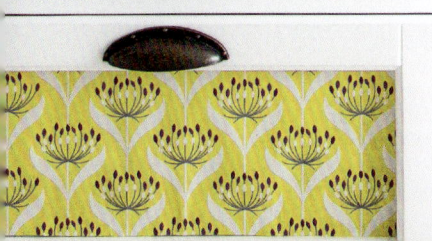

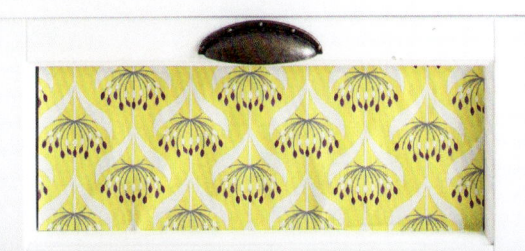

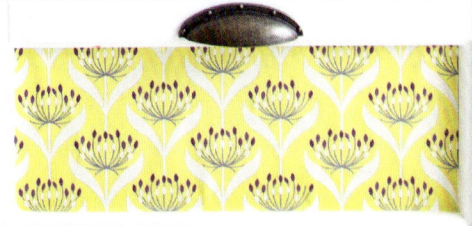

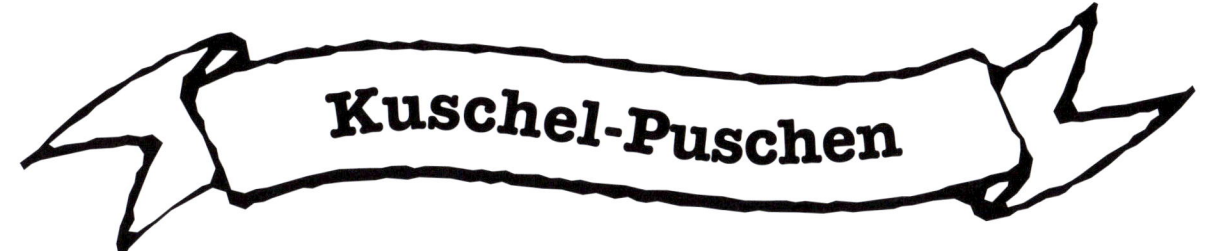

Kuschel-Puschen

GÄSTE WERDEN SICH ÜBER WARME FÜSSE UND DIE FRÖHLICH-BUNTEN STOFFE AM FEIERABEND FREUEN.

Material & Vorbereitung

Die Puschen passen bis Schuhgröße 39/40.
- 55 x 75 cm Stoff für Außen
- 55 x 75 cm Futterstoff
- 55 x 75 cm Volumenvlies, ca. 2 cm hoch
- Textilsprühkleber, permanent
- Zeitungspapier zum Abdecken der Arbeitsfläche beim Sprühen

Vorlagen 12A und 12B auf Bogen B
Nahtzugaben von 1 cm sind in den Schnittteilen bereits enthalten.
Das Volumenvlies mit dem Sprühkleber auf die linke Seite des Außenstoffs kleben, dann alle Teile mithilfe des Zuschneideplans vom Bogen ausschneiden.

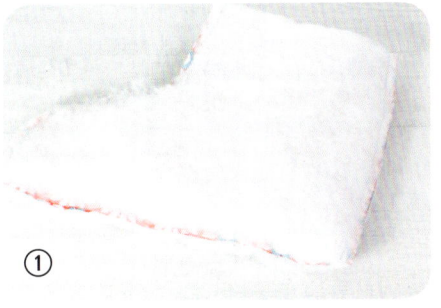

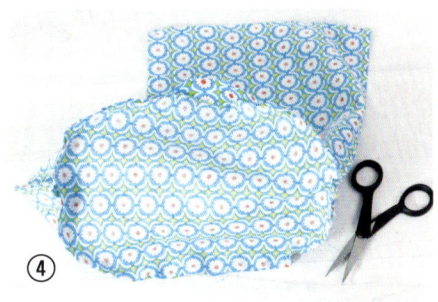

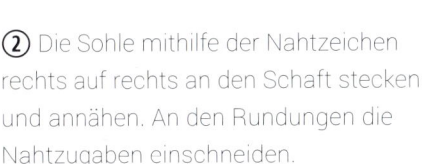

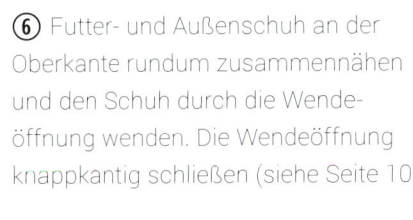

① Je zwei Schaftteile aus Außenstoff rechts auf rechts aufeinanderlegen und die Seitennähte zusammensteppen.

② Die Sohle mithilfe der Nahtzeichen rechts auf rechts an den Schaft stecken und annähen. An den Rundungen die Nahtzugaben einschneiden.

③–④ Ebenso mit den Futterteilen verfahren, allerdings beim Einnähen der Sohle eine Wendeöffnung von 10 cm offen lassen.

⑤ Das Futterteil auf rechts drehen und in den Außenschuh schieben, dabei treffen die Seitennähte aufeinander. Feststecken.

⑥ Futter- und Außenschuh an der Oberkante rundum zusammennähen und den Schuh durch die Wendeöffnung wenden. Die Wendeöffnung knappkantig schließen (siehe Seite 10).

Fransen-Untersetzer

WEBEN IST AN SICH SCHON EINE MEDITATIVE SOFA-TÄTIGKEIT. DIE DECKCHEN, DIE HIER ENTSTEHEN, KOMMEN DORT AUCH GLEICH ZUM EINSATZ.

Material & Vorbereitung

- Strickgarn in Weiß
- Strickgarn in Rot
- Strickgarn in Pink
- 1 Stück Pappe, 20 x 20 cm
- Drucker
- Papier
- Kugelschreiber
- Kreppband
- Sticknadel ohne Spitze

Vorlage 13 auf Bogen B

Die Vorlage auf die Pappe legen und mit dem Kugelschreiber den Kreis übertragen/durchdrücken. Die Unterteilungen am äußeren Rand des Kreises markieren und mit der Papierschere an jeder Markierung etwa 5 mm in den Kreis schneiden. Den überschüssigen Rand um den Kreis abschneiden.

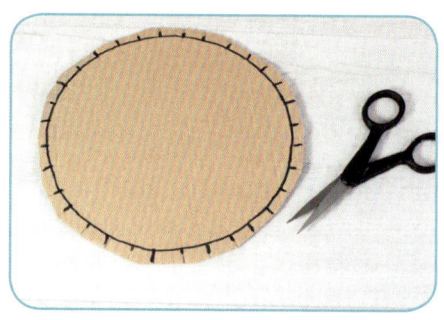

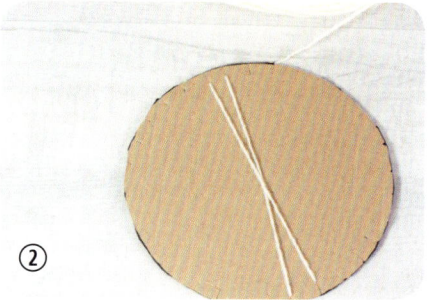

① Das weiße Garn in einen der Einschnitte klemmen, dabei auf der Rückseite ca. 5-6 cm Garn hängen lassen: Dann das Garn zum gegenüberliegenden Einschnitt, auf der Rückseite der Pappe wieder auf die andere Kreisseite und dann von hinten durch den Einschnitt rechts neben dem Ausgangseinschnitt führen.

② Von hier aus das Garn wieder durch den genau gegenüberliegenden Einschnitt führen.

③ Auf diese Weise das Garn sternförmig um den Kreis wickeln. Da man zum Weben im Kreis eine ungerade Anzahl an Webfäden braucht, wird der letzte Einschnitt ausgelassen und der Faden der letzten Wicklung durch den Ausgangseinschnitt geführt, sodass hier zwei Fäden liegen. Das Garn mit ca. 5 cm Überstand abschneiden und auf der Rückseite mit dem Kreppband fixieren.

④

⑨

⑦ Das Garn nach jeder Runde fest anziehen. Nach 10 Reihen in Pink das Garn bis auf ca. 6 cm abschneiden, ein langes Stück rotes Garn auf die Nadel fädeln und mit dem Ende des pinkfarbenen Garns verknoten. Auf die gleiche Weise 23 Runden in Rot weben, 10 Runden in Pink und 3 Runden in Weiß.

⑤

⑩

⑧ Am Ende das weiße Fadenende abschneiden und dabei etwas länger hängen lassen. Auf der Rückseite das Fadenende mit dem Anfang des weißen Webfadens verknoten. Ebenfalls auf der Rückseite die Stränge nacheinander mittig durchtrennen.

⑥

⑪

⑨ Jeweils zwei, einmal drei nebeneinanderliegende Strangenden verknoten, dabei die Schlaufen noch etwas offen lassen.

⑩ Für die Fransen jeweils drei 10 cm lange Stränge weißes Garn abschneiden, zur Hälfte legen und mit den offenen Enden zum Kreis zeigend in die Schlaufe legen, sodass auf der Außenseite eine Öse entsteht. Die Schlaufe enger ziehen und die losen Garnenden durch die Öse ziehen. Jetzt die Schlaufe fest zusammenziehen, die beiden Garnenden hinten doppelt verknoten und kürzen.

⑪ Alle Fransen auf die gleiche Länge kürzen.

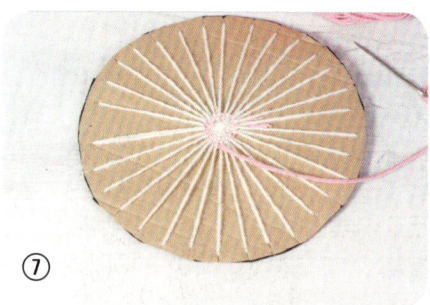

⑦

④ Das pinkfarbene Garn in der Mitte am doppelten Strang anknoten, ein langes Stück Garn abschneiden und auf die Sticknadel fädeln.

⑤ Mit der Nadel unter den Strang links neben dem Knoten fahren und die Nadel immer abwechselnd über und unter den Strängen durchführen.

⑥ So liegt der Faden immer gegensätzlich zur vorhergehenden Runde (oben/unten - unten/oben).

⑧

Chai-Schokolatte

· ·

Bei diesem wohltuenden Heißgetränk verbinden sich die duftenden Aromen der Gewürze mit der Süße der Schokolade.
Das ist Balsam für die Seele am Feierabend und – in ein Glas gefüllt – ein schönes Mitbringsel.

Zutaten

Die Menge reicht für 4 Tassen.
Zubereitungszeit: 20 Minuten

- 100 g geriebene Vollmilchschokolade
- 2 Nelken
- 1 Stange Zimt
- 1 Blüte Sternanis
- 5 Kardamonkapseln
- 4 Tassen Milch
- 4 TL Zucker
- Marshmallows

① Die trockenen Zutaten mit der Schokolade mischen und in ein Glas füllen.

② Die Milch erhitzen und mit einem Schneebesen aufschlagen, aber nicht kochen, in die Tassen füllen und pro Tasse nach Belieben 2-3 Esslöffel der Mischung in der Milch auflösen.

③ Nach Wunsch mit Marshmallows servieren.

Impressum

Konzept, Entwürfe und Realisation: Andrea Müller alias Jolijou, www.jolijou.de
Redaktion: Anna Fischer
Lektorat: Beate Schmitz, www.ideenhoch3.de
Fotografie & Styling: Sylwia Gervais, www.syl-loves.de
Illustrationen: Andrea Müller
Vorlagenzeichnungen: Andrea Müller
Layout: Andrea Müller, GrafikwerkFreiburg
Satz: GrafikwerkFreiburg, Beate Schmitz
Reproduktion: RTK & SRS mediagroup GmbH
Druck und Verarbeitung: Neografia, Slowakei

ISBN 978-3-8410-6406-6
Art.-Nr. 6406

© 2016 Christophorus Verlag GmbH & Co. KG, Rheinfelden
Alle Rechte vorbehalten.

Sämtliche Modelle, Illustrationen und Fotos sind urheberrechtlich geschützt. Jede gewerbliche Nutzung ist untersagt. Dies gilt auch für eine Vervielfältigung bzw. Verbreitung über elektronische Medien. Autorin und Verlag haben die größtmögliche Sorgfalt walten lassen, um sicherzustellen, dass alle Angaben und Anleitungen korrekt sind, können jedoch im Falle unrichtiger Angaben keinerlei Haftung für eventuelle Folgen, direkte oder indirekte, übernehmen. Die gezeigten Materialien sind zeitlich unverbindlich. Der Verlag übernimmt für Verfügbarkeit und Lieferbarkeit keine Gewähr und Haftung. Farbe und Helligkeit der in diesem Buch gezeigten Garne, Materialien und Modelle können von den jeweiligen Originalen abweichen. Die bildliche Darstellung ist unverbindlich. Der Verlag übernimmt keine Gewähr und keine Haftung.

Hersteller

Buttinette Textil-Versandhaus GmbH, Wertingen
www.buttinette.de

Clip & Clutch GmbH, Geiselbach
www.taschen-zubehoer.de

farbenmix GbR, Schortens
Janina Pollehn & Sabine Pollehn
www.farbenmix.de

Freudenberg Interlining SE & Co. KG, Weinheim
www.vlieseline.com

Garn & Mehr, Offenbach
Birgit Hahn
www.garn-und-mehr.de

Gütermann GmbH, Gutach/Breisgau
www.guetermann.com

Prym Consumer Europe GmbH, Stolberg
www.prym-consumer.com

Riley Blake Designs, Sandy, Utah, USA
www.rileyblakedesigns.com

Snaply GmbH, Au in der Hallertau
www.snaply.de

Swafing Stoffe GmbH, Nordhorn
www.swafing.de

Kreativ-Service

Sie haben Fragen zu den Büchern und Materialien? Frau Erika Noll ist für Sie da und berät Sie rund um alle Kreativthemen. Rufen Sie an! Wir interessieren uns auch für Ihre eigenen Ideen und Anregungen. Sie erreichen Frau Noll per E-Mail: **mail@kreativ-service.info** oder Tel.: **+49 (0) 5052 / 91 18 58**

Besuchen Sie uns im Internet: **www.christophorus-verlag.de**